Inhaltsverzeichnis

Sümeyye Atlihan

Wie verändert die Industrie 4.0 die Anforderungen an Mitarbeiter?

Soziale und personale Kompetenzen in aktuellen Stellenanzeigen

Bibliografische Information der Deutschen Nationalbibliothek:

Die Deutsche Nationalbibliothek verzeichnet diese Publikation in der Deutschen Nationalbibliografie; detaillierte bibliografische Daten sind im Internet über http://dnb.d-nb.de abrufbar.

Impressum:

Copyright © Science Factory 2019

Ein Imprint der Open Publishing GmbH, München

Druck und Bindung: Books on Demand GmbH, Norderstedt, Germany

Covergestaltung: Open Publishing GmbH

II

Abkürzungsverzeichnis

Abb.	Abbildung
acatech	Akademie der Technikwissenschaften
AiF	Arbeitsgemeinschaft industrieller Forschungsgemeinschaften
bmvit	Bundesministerium für Verkehr, Innovation und Technologie
CPS	Cyber-physische Systeme
Elektroniker f. A.	Elektroniker für Automatisierungstechnik
FS	Fundstellen
IBE	Institut für Beschäftigung und Employability
KMK	Kultusministerkonferenz
KMU	kleine- und mittlere Unternehmen

Abbildungsverzeichnis

Tabellenverzeichnis

1 Einleitung

Durch die technologische Entwicklung befinden wir uns momentan auf der vierten Stufe der Industrialisierung. Durch die sogenannten Cyber-physischen Systeme (CPS) und die Einführung des neuen Internetprotokolls ist die Vernetzung von Ressourcen, Informationen, Objekten und Menschen ermöglicht worden. Diese technologische Evolution wird als Industrie 4.0 bezeichnet (vgl. Forschungsunion & acatech 2013, S. 17). Die Publikationen zu diesem Thema haben in den letzten Jahren erheblich zugenommen.

> „Das signalisiert die hohe Relevanz, die der Thematik in der gesellschaftlichen Debatte in unterschiedlichen Feldern zukommt und verweist auf die Offenheit vieler Fragen, die mit der Thematik verbunden sind." (Nickolaus u.a. 2018, S. 1)

Viele Forscher gehen davon aus, dass Umstrukturierungen auf verschiedenen Ebenen der Unternehmen unausweichlich sein werden, da Industrie 4.0 alle Kern- und Stützprozesse betrifft. Somit sind nicht nur sämtliche Strukturen und Prozesse sowie die Organisation von der Digitalisierung betroffen, sondern letztendlich auch der Mensch (vgl. Huber 2018, S. 15).

Eine für die Berufspädagogik besonders interessante Thematik im Zusammenhang mit der Industrie 4.0 sind die damit einhergehenden Qualifikationsbedarfe und Kompetenzanforderungen der Mitarbeiter. Durch die Vernetzung der Prozesse werden immer mehr Aufgaben von Robotern übernommen. Dies bedeutet, dass zum einen die Arbeit für Menschen abnimmt und zum anderen, dass sich die übrig gebliebene Arbeit für den Menschen ändert. Deshalb stellt sich die Frage, welche Qualifikationen und Kompetenzen noch benötigt werden. Ob sich die Ausbildung von Lehrlingen überhaupt noch lohnt oder/und inwiefern Ausbildungsinhalte angepasst werden müssen sind Fragen, die zur Sicherung von einsetzbaren Arbeitskräften geklärt werden müssen.. Um einen Beitrag zur Berufspädagogik zu leisten, werden die neuen Kompetenzanforderungen von Mitarbeitern auf der Shop-Floor[1]-Ebene. Kernthema dieser Arbeit sein. Dabei wird das Thema auf die personalen und sozialen Kompetenzanforderungen eingegrenzt. Es lässt sich vermuten, dass der Bedarf nach sozialen Kompetenzen abnehmen wird, da viele Tätigkeiten von Robotern übernommen werden. Dadurch kann eine Abnahme der direkten Interaktion zwischen Individuen erwartet werden. Im Gegensatz dazu werden

---

[1] „Shopfloor bedeutet Produktion, Fertigung." (Leyendecker & Pötters 2018, S.8)

personale Kompetenzen vermutlich eine immer wichtigere Rolle einnehmen. Die zunehmende Selbstständigkeit und die Bereitschaft zum lebenslangen Lernen sind nur einige Eigenschaften, die möglicherweise für die Arbeit mit neuen Technologien benötigt werden.

Die vorliegende Arbeit befasst sich mit den neuen Kompetenzanforderungen angesichts der Industrie 4.0. Welche Kompetenzanforderungen Mitarbeiter auf der Shop-Floor-Ebene erfüllen müssen, wird die leitende Fragestellung dieser Arbeit sein. Um diese Frage zu beantworten, erfolgt zunächst eine Literaturrecherche des aktuellen Forschungsstandes. Anschließend wird eine eigenständige qualitative Untersuchung durchgeführt. Um zu bestimmen, ob und welche Kompetenzen aufgrund der Industrie 4.0 gefordert werden, erfolgt eine Analyse von Stellenanzeigen. Ziel ist es, zu bestimmen, welche Kompetenzen durch die Industrie 4.0 auf der Shop-Floor-Ebene tatsächlich gefordert sind und welche an Bedeutung verlieren werden.

Um dem Leser hinreichendes Hintergrundwissen zu verschaffen, werden zunächst die wichtigsten Termini erläutert (Kapitel 2). Dazu wird als Erstes die Bedeutung des Kompetenzbegriffes im pädagogischen Kontext, anschließend spezifischer im berufspädagogischen Kontext aufgegriffen. Dabei findet insbesondere eine Abgrenzung zum Begriff der Qualifikation statt. Ein in der Berufspädagogik häufig verwendeter und in diesem Zusammenhang weiterer wichtiger Terminus ist die berufliche Handlungskompetenz. Diese setzt sich laut der Kultusministerkonferenz (KMK) aus der Fach-, Human- und Sozialkompetenz zusammen. Diese Begriffe werden ausführlich erläutert. Da die Definition der KMK eher unzufriedenstellend ist, werden weitere Begriffsbestimmungen hinzugezogen. Für den Terminus der Humankompetenz[2] wird ein Beitrag von Treutlein (2013) herangezogen. Darin beschreibt sie, wie facettenreich der Begriff ist und arbeitet drei Dimensionen heraus. Um die soziale Kompetenz genauer zu beschreiben, wird insbesondere die Arbeit von Kanning (2009) rezipiert. Auf Basis einer ausführlichen Literaturanalyse konnte auch er drei Dimensionen der sozialen Kompetenz ableiten. Die Fachkompetenz wird in dieser Arbeit vernachlässigt, da sie keinen Beitrag zu der Fragestellung leistet.

Anschließend wird der Blick auf den Begriff Industrie 4.0 gerichtet. Der erste Teil des Kapitels setzt sich mit dem allgemeinen Verständnis von Industrie 4.0 auseinander. Anschließend werden besonders wichtige Termini, die im Kontext

---

[2]   Auch unter personale Kompetenz zu finden.

Industrie 4.0 verwendet werden, beschrieben. Zum Schluss werden die zentralen Kennzeichen der Industrie 4.0 dargestellt.

Nach den Begriffserläuterungen befasst sich Kapitel 3 mit der Industrialisierung. Dazu erfolgt ein historischer Rückblick auf die erste bis dritte industrielle Revolution. Anschließend wird die vierte industrielle Revolution, also die Industrie 4.0, aufgegriffen. Zentral bei der Darstellung sind die (erwarteten/prognostizierten) Qualifikations- bzw. Kompetenzanforderungen in den jeweiligen Epochen.

In Kapitel 4 wird konkret anhand von Studienergebnissen der durch die Industrie 4.0 zu erwartende Beschäftigungswandel aufgezeigt. Dazu werden als Erstes zwei zentrale Thesen – die - Polarisierungs- und Upgradingthese - dargestellt. Im Anschluss wird eine Studie von Frey und Osborne (2013) vorgestellt, die besondere Aufmerksamkeit erregte. Da es in dieser Studie allerdings nicht um Deutschland ging, sondern um die USA, wird im Anschluss ergänzend eine deutsche Studie von Spöttl (2016) betrachtet. Zum Schluss werden weitere Ergebnisse von Studien zum Beschäftigungswandel dargestellt, um einen Vergleich zu den bisherigen Erkenntnissen herzustellen und zu verdeutlichen, dass das Thema stets kritisch zu betrachten ist.

Im darauffolgenden Kapitel (Kapitel 5) werden Studien, die sich u.a. mit den Qualifikations- und Kompetenzbedarfen im Kontext Industrie 4.0 befasst haben, ausführlich beschrieben. Eine dieser Untersuchungen ist die Kompetenzentwicklungsstudie (2016) der deutschen Akademie für Technikwissenschaften (acatech) in Kooperation mit dem Fraunhofer Institut IML und der equeo GmbH. Dabei wurden auf Basis einer Unternehmensbefragung Aussagen über zukünftige Kompetenz- und Qualifikationsbedarfe getroffen. Zunächst werden das Untersuchungsdesign und die Stichprobe sowie die Gesamtergebnisse dargestellt, um dann genauer auf die sozialen und personalen Kompetenzen einzugehen. Es wird sich zeigen, dass neben dem Bedarf an fachlichen Kompetenzen nur wenig personale und soziale Kompetenzen gefordert sind. Eine weitere Studie, die aufgegriffen wird, ist der HR-Report. Dieser wurde im Auftrag der Hays AG durch das Institut für Beschäftigung und Employability (IBE) durchgeführt. Schwerpunkt der Untersuchung war die Ermittlung von Kompetenzen, die für eine digitale Welt (Arbeit 4.0) von Bedeutung sind. Als Erhebungsmethode wurde eine Onlineumfrage genutzt. Auch hier werden erst das Untersuchungsdesign und die Stichprobe skizziert. Anschließend werden die Gesamtergebnisse und die Ergebnisse der Analyse von personaler und sozialer Kompetenz aufgeführt. Bei beiden Studien werden zum Schluss sowohl die Studie als auch das Ergebnis kritisch reflektiert. Das Kapitel wird mit Konsequenzen, die aus den Ergebnissen resultieren (können), abgeschlossen.

Nach der Darstellung des Forschungsstandes beginnt der empirische Teil dieser Arbeit (Kapitel 6). Da es sich bei der durchgeführten Studie um die Analyse von Stellenanzeigen handelt, wird als Erstes die Wahl der Berufe, deren Stellenanzeigen analysiert werden, begründet. Spöttl (2016) konnte mit Hilfe einer Deckungsanalyse herausstellen, dass insbesondere die Berufe Elektroniker für Automatisierungstechnik (Elektroniker f. A.) und Mechatroniker von Veränderungen durch die Industrie 4.0 betroffen sein werden. Auf Basis dieses Ergebnisses wurden Stellenanzeigen dieser zwei Berufe analysiert. Auch die Auswahl der Stellenanzeigen wird begründet.

Empirisches Forschen impliziert auch immer die Verwendung von geeigneten Methoden. In dieser Arbeit wird qualitativ gearbeitet. Dazu wird eine inhaltliche Strukturierung verwendet. In Kapitel 6.3 wird sowohl die Auswahl der Methode als auch die Eigenschaften der Methode ausführlich beschrieben. Kennzeichen der inhaltlichen Strukturierung ist ein Kategoriensystem. Nach der Erstellung des Kategoriensystems findet auf Basis der Kategorien eine Häufigkeitsanalyse der Komponenten von personaler und sozialer Kompetenz statt.

Nachdem der Vorgang und die Methoden ausführlich beschrieben wurden, werden in Kapitel 7 die Ergebnisse mit Hilfe von Diagrammen und Schaubildern präsentiert. Dabei werden u.a. auf Basis von Thesen verschiedene Vergleiche durchgeführt. Es werden sich neben Unterschieden in den zwei Berufsgruppen auch Unterschiede zwischen Lehrlingen und Personen mit Berufsabschluss herausstellen. Am Schluss werden die Ergebnisse zusammengefasst.

Im letzten Teil dieser Arbeit wird zunächst ein Rückblick auf diese Arbeit und anschließend eine kritische Würdigung stattfinden. Zum Schluss werden Vorschläge für weitere Forschungen, die dieses Feld betreffen, aufgeführt.

2 Theoretischer Rahmen

Der Kompetenzbegriff hat in den letzten Jahren immer mehr an Bedeutung gewonnen. Vor allem im Bildungssektor ist er mittlerweile fester Bestandteil u.a. in Reformprogrammen, Lehrplänen und Modulhandbüchern für Studiengänge (vgl. Pfadenhauer 2014, S. 41 ff.). In die Pädagogik eingeführt wurde der Begriff durch Heinrich Roth (1971, S. 180), der ihn in seiner Formulierung des zentralen Zieles der Erziehung – „Mündigkeit als Kompetenz für verantwortliche Handlungsfähigkeit" (S. 180) aufgriff (vgl. Pfadenhauer 2014, S. 41).

Inzwischen taucht der Terminus in vielen Varianten auf. Neben Begriffen wie Kompetenzmanagement, Kompetenzerwerb, Kompetenzdefizit u.ä. gibt es auch Unterfacetten der Kompetenz wie z.B. soziale, personale, moralische und interkulturelle Kompetenz (vgl. Treptow 2014, S. 27). Befasst man sich mit dem Forschungsstand von Industrie 4.0 ist festzustellen, dass immer öfter von veränderten Qualifikations- und Kompetenzanforderungen gesprochen wird (vgl. Hausegger u.a. 2016, S. 44). Die Abgrenzung der beiden Begriffe voneinander ist nicht immer klar. Während manche Forscher die Begriffe synonym verwenden, sprechen wiederum andere z.B. von einer Abhängigkeit des einen Begriffes vom anderen (vgl. Windecker 1991; vgl. Hausegger u.a. 2016). Wiederum andere deuten auf die Verdrängung des Qualifikationsbegriffs durch den Kompetenzbegriff hin (vgl. Nickolaus 2013, S. 5). Was nun unter den Termini Kompetenz und Qualifikation zu verstehen ist, soll im Folgenden geklärt werden.

2.1 Kompetenz

Der Begriff der Kompetenz (lat. competentia) hat seinen Ursprung im Lateinischen. Er leitet sich von dem Wort competere ab, welches so viel wie zusammentreffen, zustehen meint (vgl. Treptow 2014, S. 27). Je nach Disziplin trägt der Begriff eine andere Bedeutung. In der Pädagogik herrscht ein weites Verständnis von Kompetenzen. Verstanden wird darunter „eine umfassende Handlungsfähigkeit und Mündigkeit" (Pfadenhauer 2014, S. 42), die kognitive, affektuelle und motivationale Komponenten einbezieht (vgl. Pfadenhauer 2014, S. 42). Laut Hof (2002) bezieht sich

> „Kompetenz [...] auf die Fähigkeit, in Situationen unter Berücksichtigung der personalen Handlungsvoraussetzungen und der äußeren Handlungsbedingungen Ziele zu erreichen und Pläne zu realisieren." (S. 85)

John Erpenbeck spricht außerdem davon, dass Qualifikationen ein Teil von Kompetenzen seien, Kompetenzen aber über Qualifikationen hinausgingen. Kompetenzen sind laut ihm Selbstorganisationsdispositionen. Konkret meint er damit Anlagen, Bereitschaften und Fähigkeiten, die selbst organisiertes und kreatives Handeln ermöglichen sowie erlauben, mit unklaren oder fehlenden Zielvorstellungen u.Ä. umzugehen (vgl. Hausegger u.a. 2016, S. 44 f.). Im pädagogischen Kontext sind folglich kognitive Dispositionen ein zentrales Merkmal von Kompetenzen. Diese bilden die Voraussetzung, um gestellte Anforderungen zu bewältigen (vgl. Nickolaus u.a. 2013, S. 8). Kompetenzen implizieren also immer Handlungsfähigkeiten in mehr oder weniger festgelegten Situationen. Daraus kann abgeleitet werden, dass sich Kompetenzen über den Lebensverlauf eines Menschen entwickeln (vgl. Jokovic & Stockinger 2016, S. 50). Der Begriff der Qualifikation hingegen grenzt sich durch dessen „enge Bindung an die Bewältigung vorgegebener Anforderungen" (Nickolaus u.a. 2013, S. 8) ab. Die Qualifizierung ist in erster Linie ein arbeitsbezogener Begriff und geht meist mit einer Zertifizierung von bestimmten Kenntnissen und Fähigkeiten einher, welche wiederum zum Erwerb eines Titels wie z.B. Facharbeiter und Meister führen (vgl. Zürcher 2010, S. 2; Bolder 2009, S. 813). Somit können Qualifikationen überprüft werden und bilden Kenntnisse, Fähigkeiten und Fertigkeiten ab, die zur Ausführung bestimmter Tätigkeiten eines Berufes notwendig sind (vgl. Hausegger u.a. 2016, S. 44). Kompetenzen hingegen ermöglichen, in unbestimmten Situationen handlungsfähig zu bleiben (vgl. Hausegger u.a. 2016, S. 44).

Laut Windecker (1991) können Qualifikationen durch die Anwendung von Kompetenzen entstehen, deshalb besitze der Mensch mehr Kompetenzen als Qualifikationen (vgl. S. 5). Hausegger u.a. (2016) sprechen von einer unauflöslichen Verbundenheit von Qualifikationen und Kompetenzen (vgl. S. 44). Die Vorgaben, wie eine Tätigkeit auszuführen ist, werden immer unpräziser, wodurch eigene Entscheidungen der Arbeitskräfte in den Vordergrund treten (vgl. Hausegger u.a. 2016, S. 44 f.). „Menschen sind [somit] gefordert, sich in offenen und unüberschaubaren, komplexen und dynamischen Situationen zurecht zu finden." (Hausegger u.a. 2016, S. 45) Gerade dieser Aspekt untermauert die Annahme, dass die Bedeutung von Kompetenzen durch die Industrie 4.0 wachsen wird. Die zunehmende Arbeit mit Computern und Robotern und die Abnahme der Arbeit mit Menschen steigert u.a. die Komplexität und die Offenheit der Arbeitssituation.

Im Kontext der Industrie 4.0 stellt sich die Frage, welche Kompetenzen besonders betroffen sein werden. Es wurde schon angedeutet, dass es Unterfacetten von

Kompetenzen gibt. Dazu zählen je nach Verständnis z.B. fachliche, methodische, soziale und personale Kompetenzen. Von besonders großem Interesse sind diejenigen Kompetenzen, die im Kontext der Industrie 4.0 zunehmend an Bedeutung gewinnen werden. Bevor festgestellt werden kann, auf welche der Kompetenzen dies zutrifft, lohnt es sich, die Begriffe spezifischer in den Blick zu nehmen und deren konkrete Bedeutung aufzugreifen.

2.2 Berufliche Handlungskompetenz

Zum Bildungsauftrag der Berufsschulen gehört es laut dem Beschluss der Kultusministerkonferenz, berufliche Handlungskompetenzen zu vermitteln (vgl. KMK 2007, S. 9). Definiert wird der Begriff „als die Bereitschaft und Befähigung des Einzelnen, sich in beruflichen, gesellschaftlichen und privaten Situationen sachgerecht durchdacht sowie individuell und sozial verantwortlich zu verhalten." (KMK 2007, S. 10) Die Handlungskompetenz hat laut der Definition der KMK (2007) drei Dimensionen: Fach-, Sozial- und Humankompetenz. Die Fachkompetenz ist für ein sachgerechtes Handeln im jeweiligen Kontext wichtig. Die Sozialkompetenz ermöglicht ein soziales Verhalten und die Humankompetenz beschreibt das selbstverantwortliche Handeln (vgl. Treutlein 2013, S. 332). Die Humankompetenz wird in der Literatur auch als Selbstkompetenz und personale Kompetenz bezeichnet. Im Rahmen dieser Arbeit wird der Begriff personale Kompetenz verwendet. In den nächsten Abschnitten werden die drei Formen der Handlungskompetenz genauer erläutert.

2.2.1 Fachkompetenz

Laut Windecker (1991) können die Begriffe Fachkompetenz und Qualifikation synonym verwendet werden (vgl. S. 5). Deshalb wird der Terminus der Fachkompetenz nur kurz erläutert. Laut der KMK (2007) bezeichnet

> „**Fachkompetenz** [...] die Bereitschaft und Befähigung, auf der Grundlage fachlichen Wissens und Könnens Aufgaben und Probleme zielorientiert, sachgerecht, methodengeleitet und selbstständig zu lösen und das Ergebnis zu beurteilen." (KMK 2007, S. 11; Hervorhebung im Original, der Verfasser).

Die Fachkompetenz ist somit von der ausgeübten Disziplin abhängig und damit fachgebunden. Da es in dieser Arbeit außer im empirischen Teil nicht um bestimmte Berufe geht, sind Fachkompetenzen im vorliegenden Kontext von untergeordnetem Interesse. Vielmehr wird es um personale und soziale Kompetenzen gehen, was deren ausführliche Beschreibung im Folgenden begründet.

2.2.2 Personale Kompetenz

Die KMK (2007) definiert Humankompetenz als

> „die Bereitschaft und Befähigung, als individuelle Persönlichkeit die Entwicklungs-
> chancen, Anforderungen und Einschränkungen in Familie, Beruf und öffentlichem
> Leben zu klären, zu durchdenken und zu beurteilen, eigene Begabungen zu entfalten
> sowie Lebenspläne zu fassen und fortzuentwickeln." (S. 11)

Als Beispiele werden u.a. Eigenschaften wie Selbstständigkeit, Zuverlässigkeit, Selbstvertrauen und Verantwortungsbewusstsein aufgezählt (vgl. KMK 2007, S. 11). Auch Schelten (1997) nennt als Beispiele für Humankompetenz Zuverlässigkeit, Selbstständigkeit und Selbstvertrauen (vgl. Treutlein 2013, S. 334). Laut Treutlein (2013) betonen beide Definitionen die Wahrnehmung persönlicher Stärken und Schwächen, die Reflexionsfähigkeit und die selbstständige Handlungsfähigkeit. Treutlein analysiert in einem Beitrag in der Zeitschrift für Berufs- und Wirtschaftspädagogik verschiedene Definitionen von Humankompetenz (hier: personale Kompetenz). Wie facettenreich der Begriff ist, wird anhand ihres Ergebnisses sehr deutlich. Sie konnte drei Dimensionen der Humankompetenz feststellen: den wahrnehmungsbezogenen, reflexionsbezogenen und selbstregulationsbezogenen Bereich. Die Differenzierung beruht auf den unterschiedlichen Definitionen und Merkmalskatalogen, die sie in ihrem Beitrag darstellt. Inhaltliche Gesichtspunkte waren ausschlaggebend für die Bestimmung und Zuordnung der Dimensionen (vgl. Treutlein 2013, S. 334 ff.).

1. Dimension: Wahrnehmungsbezogener Bereich

Zum wahrnehmungsbezogenen Bereich der Humankompetenz gehören Fähigkeiten wie die Wahrnehmung von eigenen Stärken und Schwächen, Interessen und Bedürfnissen, Emotionen und Verhaltensmustern sowie das Eigengeständnis von Fehlern, die Selbstwahrnehmung und -erkenntnis und die selbstbezogene Kritikfähigkeit (Grenzen, Potenziale, Stärken, Schwächen erkennen) (vgl. Treutlein 2013, S. 337). Es geht also in erster Linie, wie die Bezeichnung bereits angibt, um die Wahrnehmung. Von einem Verhalten wird noch nicht gesprochen.

2. Dimension: Reflexionsbezogener Bereich

In der zweiten Dimension geht es darum, die wahrgenommenen Dinge zu reflektieren. Ziel ist die Bereitschaft zur Veränderung oder zumindest eine Position gegenüber dem Reflektierten zu entwickeln. Dazu zählen Fähigkeiten wie u.a. Verantwortungsbewusstsein, Pflichtbewusstsein, Entwicklung von Werten, Lernbereitschaft, Selbstentwicklung, Selbstvertrauen und die Wahrnehmung von Fehlern und Schwierigkeiten als Lernchance (vgl. Treutlein 2013, S. 338).

3. Dimension: Selbstregulationsbezogener Bereich

Die letzte Dimension ist der selbstregulationsbezogene Bereich. Hier geht es um das konkrete Handeln nach der Reflexion. Dazu gehören z.B. Fähigkeiten wie Selbstständigkeit, Zuverlässigkeit und selbstreguliertes Lernen. Außerdem werden u.a. Verantwortungsübernahme, Belastbarkeit, Kreativität, Ärgerbewältigung, konzentriertes, diszipliniertes und sorgfältiges Arbeiten sowie emotionale Stabilität und Stressresistenz darunter gefasst. Auch volitionale Faktoren wie Interesse und Aufgabenorientierung werden dem selbstregulationsbezogenen Bereich zugeordnet (vgl. Treutlein 2013, S. 338).

2.2.3 Soziale Kompetenz

„Die Fähigkeit und Bereitschaft zur Kooperation, sich mit anderen verantwortungsbewusst auseinanderzusetzen und sich gruppen- und beziehungsorientiert zu verhalten" (Hintz 2018, S. 14), sind laut Hintz Merkmale von sozialer Kompetenz. Kanning (2009) zufolge muss zwischen sozial kompetentem Verhalten und sozialer Kompetenz unterschieden werden. Unter Ersterem versteht er das „Verhalten einer Person, dass in einer spezifischen Situation dazu beiträgt, die eigenen Ziele zu verwirklichen, wobei gleichzeitig die soziale Akzeptanz des Verhaltens gewahrt wird." (Kanning 2002, S. 155; Kanning 2009, S. 15) Mit sozialer Kompetenz meint Kanning (2009) die „Gesamtheit des Wissens, der Fähigkeiten und Fertigkeiten einer Person, welche die Qualität eigenen Sozialverhaltens – im Sinne sozial kompetenten Verhaltens – fördert." (S. 15) Der besondere Akzent liegt auf der „[...] sozialen Akzeptanz des Verhaltens [...]." (ebd.) Dieser Aspekt impliziert, dass soziale Kompetenz von der Kultur, Gesellschaft usw. abhängig ist. Während es beispielsweise in der französischen Kultur normal ist, als Mann seine Kolleginnen mit Küsschen zu begrüßen, kann dasselbe Verhalten in Amerika als sexuelle Belästigung gewertet werden. Wer diesen Unterschied missachten würde, würde sich nicht als sozial kompetent erweisen. In diesem Sinne könnten auch Unterschiede je Berufsgruppe vorhanden sein. Die soziale Akzeptanz gegenüber bestimmten Verhaltensweisen könnte je nach Berufsgruppe variieren. Es kann vermutet werden, dass ein soziales Fehlverhalten beispielsweise eines Sozialpädagogen weniger akzeptiert wird als das eines Informatikers. Allerdings kann diese Vermutung hier nicht belegt werden. Sie soll nur einen kritischen Blick auf die Definition ermöglichen.

Neben den Definitionen von Hintz (2018) und Kanning (2009) gibt es zahlreiche weitere Begriffsbestimmungen zur sozialen Kompetenz. Kanning konnte mehr als 100 Nennungen sozialer Kompetenzen finden. Er konnte durch eine ausführliche Recherche unterschiedliche Dimensionen feststellen. Hintz (2018) beispielsweise gliedert die Merkmale der sozialen Kompetenz in folgende drei Gruppen: die Kommunikationsfähigkeit, die Teamfähigkeit und die Führungskompetenz (vgl. S. 14). Allerdings herrscht kein Konsens in Bezug auf die Dimensionen der sozialen Kompetenz. Kanning begründet dies vor allem mit der Nutzung von Synonymen.. Kanning hat auf Grundlage einer Literaturanalyse den Versuch unternommen, die Dimensionen zu bündeln. Es wurden drei Bereiche herausgearbeitet, die auf unterschiedlichen Momenten der Verhaltenssteuerung basieren. Der erste Bereich ist der perzeptiv-kognitive Bereich, der zweite der motivational-emotionale Bereich und der dritte der behaviorale Bereich (vgl. Kanning 2009, S. 20 f.). Diese werden im Folgenden kurz erläutert.

1. Dimension: Perzeptiv-kognitiver Bereich

Im perzeptiv-kognitiven Bereich finden Denkprozesse statt. Deshalb werden ihm Merkmale wie „Selbstaufmerksamkeit", „Personenwahrnehmung", „Perspektivenübernahme", „Kontrollüberzeugung", „Entscheidungsfreudigkeit" und „Wissen" (Kanning 2009, S. 21) zugeordnet.

2. Dimension: Motivational-emotionaler Bereich

Der motivational-emotionale Bereich umfasst sowohl Denkprozesse als auch Handlungsumsetzungen. Merkmale wie „emotionale Stabilität", „Prosozialität"[3] und „Wertepluralismus"[4] (ebd.) werden darunter gefasst.

3. Dimension: Behavioraler Bereich

Der behaviorale Bereich wird zur Handlungsumsetzung genutzt. Merkmale wie Extraversion, Durchsetzungsfähigkeit, Handlungsflexibilität, Kommunikationsstil,

---

[3] Ein prosoziales Verhalten bezeichnet ein Verhalten, das altruistisch geprägt ist, d.h. „ein Verhalten, das anderen eine Hilfe, eine Unterstützung, eine Wohltat zukommen läßt, ohne daß der Geber dazu durch berufliche Aufgabe oder dienstliche Zuständigkeit verpflichtet wäre." (Fuchs-Heinritz u.a. 1994, S. 525)

[4] „Wertepluralismus nennt man das gleichzeitige Vorhandensein mehrerer, oft konkurrierender Werte, ohne daß eine Hierarchie zwischen ihnen besteht resp. Präferenzen gesetzt werden." (Fuchs-Heinritz u.a. 1994, S. 741)

Konfliktverhalten und Selbststeuerung werden diesem Bereich zugeordnet (vgl. Kanning 2009, S. 21; vgl. Kanning 2005, S. 26 ff.).

Kanning greift diese Bereiche nochmals in einem Modell der elaborierten Steuerung des Sozialverhaltens auf. Außerdem erklärt er, wie soziales Verhalten entsteht. Beide Aspekte würden den Rahmen dieser Arbeit sprengen. Deshalb werden sie nicht erläutert[5]. Die Analyse der Stellenanzeigen wird auf der Basis von Kannings dargestellter Theorie durchgeführt. Von Hintz (2018) werden die Kommunikationsfähigkeit und Teamfähigkeit ergänzend dem behavioralen Bereich zugeordnet (vgl. S. 14). Die Führungskompetenz wird nicht aufgenommen, da Kanning (2009) sie als spezifische soziale Kompetenz klassifiziert (vgl. S. 21).

Zusammenfassend lässt sich sagen, dass es nicht immer einfach ist, personale Kompetenz strikt von sozialer Kompetenz zu trennen. Es gibt viele Überlappungsbereiche. Die KMK selbst nennt die Methodenkompetenz, kommunikative Kompetenz und Lernkompetenz als Bestandteile aller drei Kompetenzen (fachliche, personale und soziale Kompetenzen) (vgl. KMK 2007, S. 11). Um für die spätere Analyse eine einfache Grundlage zu haben, werden deshalb manche Fähigkeiten aus den Stellenanzeigen bewusst nur einer der beiden Hauptkompetenzen (personale und soziale Kompetenz) zugewiesen. Das Kategoriensystem in Kapitel 6 wird Auskunft über die Zuordnung geben.

Das nächste Kapitel beschäftigt sich mit der sogenannten Industrie 4.0. Was sich hinter diesem Begriff verbirgt und welche Konsequenzen die damit verbundene Entwicklung nach sich ziehen wird, sollte am Ende des Kapitels deutlich sein.

2.3 Industrie 4.0

Seit der Hannover Messe 2011 beschäftigt sich die Industrie- und Produktionstechnologiebranche mit dem Begriff Industrie 4.0. Dabei handelt es sich um einen Paradigmenwechsel, der die Arbeitsstrukturen von Grund auf verändern wird (vgl. Köhler u.a. 2015, S. 17). Es ist inzwischen auch von der vierten industriellen Revolution die Rede. Im Kontext der Industrie 4.0 werden unter einer industriellen Revolution „technische Innovationen und der Durchbruch des Fabriksystems" (Hahn 2011, S. 51) verstanden. Trotz seiner zunehmenden Popularität ist der Begriff Industrie 4.0 vielen Unternehmen nicht bekannt. In einer Umfrage, die 2014 durchgeführt wurde, konnte festgestellt werden, dass nur 36% der befragten Unter-

---

[5] Bei Interesse: Kanning 2005.

nehmen den Begriff Industrie 4.0 kennen (vgl. IAB 2015, S. 11). Auch das Verständnis darüber variiert. Laut der Forschungsunion & acatech (2013) meint Industrie 4.0:

> „im Kern die technische Integration von CPS in die Produktion und die Logistik sowie die Anwendung des Internets der Dinge und Dienste in industriellen Prozessen – einschließlich der sich daraus ergebenden Konsequenzen für die Wertschöpfung, die Geschäftsmodelle sowie die nachgelagerten Dienstleistungen und die Arbeitsorganisation." (S. 18)

Wie zu sehen ist, wird das Verständnis des Begriffs Industrie 4.0 durch Verwendung von Fachtermini erschwert. Es ist zu vermuten, dass Unternehmen, die kein Wissen über die Industrie 4.0 besitzen, die Definition unverständlich bleibt. Deshalb werden im Folgenden die wichtigsten Begriffe, die im Zusammenhang mit der Industrie 4.0 auftauchen, kurz erläutert.

2.3.1 Internet der Dinge

Das Internet der Dinge wird als nächste Evolutionsstufe des Internets beschrieben. Die Vernetzung von unterschiedlichen Geräten, Produkten und Alltagsgegenständen ist dessen kennzeichnende Funktion. Damit ist das Internet der Dinge gleichzeitig „eine wesentliche Voraussetzung für die Verfügbarkeit vernetzter Daten und stellt somit eine Voraussetzung für Industrie 4.0 dar." (Köhler u.a. 2015, S. 21) Einer der besonderen Vorteile, die das Internet der Dinge mit sich bringt, ist die Flexibilisierung und Individualisierung von Produkten. Indem es „[...] die Maschinen, Betriebsmittel, Werkzeuge, Lagersysteme und [...] entstehende Produkte miteinander vernetzt [..]" (Amberg 2015, S. 44), können Produkten individualisiert werden. Kurzum: Es umfasst sämtliche webfähigen Produkte und Gegenstände und treibt damit eine allumfassende und intelligente Vernetzung voran (vgl. Glöckl-Frohnholzer 2015, S. 56).

2.3.2 Cyber-physische Systeme

Mit dem Internet der Dinge sind auch die sogenannten Cyber-physischen Systeme (CPS) eng verbunden. Kennzeichen der Cyber-physischen Systeme ist die Verknüpfung von realen (physischen) mit informationsverarbeitenden (virtuellen) Objekten und Prozessen. Diese geschieht meist durch miteinander verbundene Informationsnetze (Internet), die offen und teilweise global sind. Konkret heißt das, dass jede Maschine, jedes Werkzeug, Werkstück und jeder Transportbehälter usw., also jeder Gegenstand, der in den Produktionsprozess direkt oder indirekt integriert ist, ein virtuelles Abbild hat, das von jedem zuständigen Mitarbeiter, Kunden, Lieferanten usw. abrufbar ist. Jeder Berechtigte kann in diese virtuelle Fabrik (Smart Factory) eingreifen, eigenständig Entscheidungen treffen und mit den anderen Beteiligten kommunizieren. Zudem können die vernetzten Maschinen, Werkzeuge usw. auch untereinander Informationen austauschen (vgl. Amberg 2015, S. 45).

> „Jeder Fertigungsteilnehmer, der über ein solches virtuelles Abbild verfügt und zur Interaktion mit anderen Fertigungsteilnehmern vernetzt werden kann, wird ‚Cyberphysisches System' genannt. Der Teilbegriff ‚Cyber' deutet dabei auf das virtuelle Abbild hin, der Teilbegriff ‚physisch' dagegen auf das Objekt in der Fertigungsrealität, wie es von unseren fünf Sinnen erfassbar ist." (Amberg 2015, S. 45)

Die folgende Abbildung verdeutlicht den Aufbau von CPS nochmals:

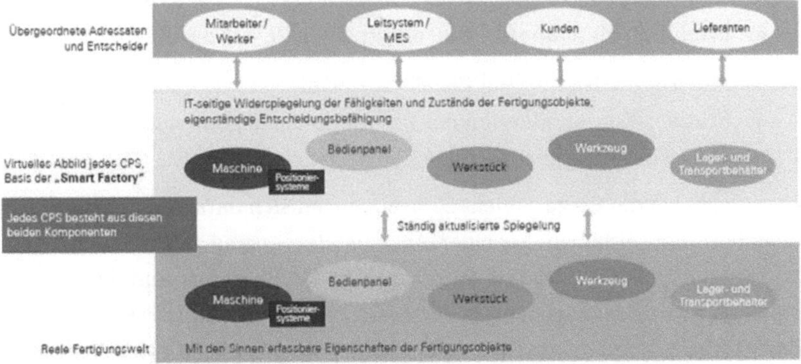

Abbildung 1: Überblick über ein Cyber-physisches System
(Amberg o.J., S. 1)

Die dezentrale Intelligenz der CPS ist somit in der Lage, Situationen einzuschätzen und Entscheidungen zu treffen. Durch die Vernetzung können die Maschinen usw. bestimmte Aktionen von selbst veranlassen. „So bemerkt beispielsweise ein Werkzeug selbst erste Anzeichen von Verschleiß und ordert seinen eigenen Ersatz beim externen Werkzeuglieferanten." (Amberg 2015, S. 45 f.) Damit sind alle Vorgänge in Echtzeit ohne menschlichen Eingriff möglich.

2.3.3 Zusammenfassung und Bedeutung der Industrie 4.0

Zusammenfassend lässt sich sagen, dass die Industrie 4.0 folgende Kennzeichen hat:

- weltweite Vernetzung von Maschinen, Lagersystemen und Betriebsmitteln (CPS)
- systematische Vernetzung von Akteuren (Unternehmen, Zulieferer und Endkunden)
- Individualisierung von Produkten
- Auswirkung auf alle Geschäfts- und Wertschöpfungsprozesse
- Flexibilisierung
- Produkte mit intelligenter Technik, die rückverfolgbar sind
- Produkte/Maschinen, die ihren aktuellen Zustand kennen
- Einbettung der Produktionsanlagen in ganzheitliche Produktionssysteme
- Echtzeit-Kommunikation der Produktionsanlagen (vgl. Zinke u.a. 2017, S. 15, vgl. Amberg 2015, S. 44 f.)

Nun stellt sich die Frage, welche Konsequenzen sich daraus für die Qualifikationsanforderungen ergeben. Zu einer Auseinandersetzung mit dieser Fragestellung, können nach einem Blick auf die ersten drei Revolutionen und den damit einhergehenden Veränderungen, erste Vermutungen für die Industrie 4.0 getroffen werden. Deshalb bietet das nächste Kapitel einen Rückblick auf die industriellen Revolutionen in Deutschland.

3 Der Prozess der Industrialisierung

In diesem Kapitel werden als Erstes die ersten drei industriellen Revolutionen betrachtet. Neben den Hintergründen der Entwicklungen werden insbesondere die Bedeutungen und der Wandel der Qualifikationsanforderungen für Arbeitnehmer Schwerpunkt der Darstellungen sein. Dabei werden nur Arbeitnehmer in den Fabriken betrachtet, da diese vergleichbar mit den Mitarbeitern der Shop-Floor-Ebene sind. Nach dem Skizzieren der ersten drei Revolutionen wird die vierte industrielle Revolution, also die Industrie 4.0, ausführlich beschrieben.

3.1 Die erste industrielle Revolution

Die erste industrielle Revolution fand in Deutschland im 18. Jahrhundert statt. Mit der Gründung des Zollvereins wurde das Haupthindernis für die wirtschaftliche Entwicklung beseitigt (vgl. Rinneberg 1985, S. 24). Auslöser für die Industrialisierung war die Entwicklung der Dampfmaschine.

> „Durch Mechanisierung, die Nutzung der Wärmekraft und die Optimierung des Wirkungsgrads der Dampfmaschine durch James Watt im Jahr 1769 begann die Planung und Umsetzung von Fabriken unabhängig von Naturenergieformen." (Dombrowski u.a. 2014, S. 130)

Damit waren Veränderungen im Bereich der Produktion unabwendbar. Anstatt nur die Arbeitskraft des Menschen zu nutzen, wurden zusätzlich Maschinen in den Arbeitsprozess miteinbezogen. Dadurch veränderte sich wiederum der Arbeitsprozess: Zuvor war die Maschine/das Werkzeug von der Arbeitskraft abhängig. Durch die Industrialisierung kehrte sich das Verhältnis um und der Mensch musste sich an die Maschine anpassen. Außerdem war nun eine Unterscheidung möglich zwischen Arbeitskräften, die Zuarbeit zur Maschine leisteten und solchen, die die Maschine bedienten, überwachten usw. (vgl. Rinneberg 1985, S. 25 ff.). Auf der einen Seite ist daraus zu schließen, dass für einfache Tätigkeiten unangelernte Arbeitskräfte benötigt wurden und somit keine Qualifikationsanforderungen an die Zuarbeiter bestanden. Auf der anderen Seite wuchs jedoch der Qualifikationsbedarf bei Maschinenbedienern etc. Begründet wird dies vor allem mit dem geringen Umfang der Aufträge, welche Betriebe zur Herstellung einer Vielzahl an unterschiedlichen Gegenständen trieb. Damit waren Arbeiternehmer, die eine große Breite an Wissen und Fertigkeiten besaßen, von Vorteil und damit unverzichtbar. Allerdings stellte dies für Deutschland ein großes Problem dar, da es zu Beginn des 19. Jahrhunderts keine Fachkräfte im eigentlichen Sinne gab. Deshalb wurde in der Vorphase der

Industrialisierung begonnen, Fachkräfte aus dem Ausland zu rekrutieren (vgl. ebd. S. 32). Später wurde auf Handwerker zurückgegriffen, die zuvor „maschinenähnliche Produkte" (ebd.) hergestellt hatten. Somit waren „Schlosser, Schmiede, Tischler, Zimmerleute und Uhrmacher" (ebd.) ein Bestandteil der Fabriken. Pätzold und Wahle (2009) bemerken aber, dass die aus dem Handwerk in die Fabriken abgewanderten Lehrlinge deutliche Qualifikationsdefizite aufwiesen (vgl. S. 36). Dies hatte nicht zuletzt seine Ursache in einigen Bestimmungen der 1869 verabschiedeten Gewerbeordnung, auf die in dieser Arbeit nicht näher eingegangen werden kann (dazu: Pätzold & Wahle 2009, S. 34 ff.).

Allerdings können laut Rinneberg (1985) keine eindeutigen Rückschlüsse auf den Qualifikationsbedarf geschlossen werden. Weder qualitative noch quantitative Aussagen können mit Sicherheit getroffen werden. Um konkretere Angaben zu ermöglichen, müsste eine sehr genaue Analyse von Quellenmaterial erfolgen. Allerdings würde laut Rinneberg eine derartige Analyse auf „nahezu unüberwindliche Hindernisse" (ebd., S. 41) stoßen. Deshalb beschreibt Rinneberg, die oben dargestellten Erläuterungen als idealtypisch und Ergebnis logischer Analyse.

Zusammenfassend lässt sich sagen, dass die erste industrielle Revolution die Unternehmen und insbesondere die Arbeitskräfte vor Hindernisse stellte. Um nicht nur eine Hilfstätigkeit als Zuarbeiter auszuüben, war eine Qualifikation notwendig.

3.2 Die zweite industrielle Revolution

Die zweite industrielle Revolution begann in Deutschland etwa 1870.

> „Den Grundstein zu dieser Entwicklung legte Thomas Alva Edison mit der Entwicklung des Dynamos als Stromgenerator. Diese Elektrifizierung ermöglichte erstmals die flexible Verortung von Anlagen in der Fabrik." (Dombrowski u.a. 2014, S. 139)

Eines der Kennzeichen war „die Inbetriebnahme der ersten Fließbänder" (Dombrowski u.a. 2014, S. 131). Damit war die zweite industrielle Revolution durch den Taylorismus geprägt. Während in der ersten industriellen Revolution ein Maschinenbediener alles können musste, wurde nun begonnen, die Produkte in arbeitsteiligen Schritten massenhaft zu erstellen (vgl. Köhler u.a. 2015, S. 18). Damit war eine enge Spezialisierung verbunden. Die zunehmende Arbeitsteilung lässt eine Abnahme der Qualifikationsanforderungen vermuten. Allerdings wurden im Gegenteil u.a. eng spezialisierte Beschäftigte ausgebildet. Begründet wird dies mit der wachsenden Konkurrenz und der Maschinisierung. Der Bedarf an Fachkräften mit spezifischer Ausbildung nahm deshalb zu (vgl. Greinert 1999, S. 54). Ein weiterer

Aspekt, der zu steigenden Qualifikationsanforderungen führte, war die Zuwanderung von unqualifizierten Arbeitskräften aus dem Osten. Dies veranlasste zu einem neuen System der Rekrutierung und Qualifizierung (vgl. Greinert 1999, S. 56). Vor allem wurde Mitte der 1920er Jahre die industrietypische Berufsausbildung stärker ausgebaut, womit die steigenden Qualifikationsanforderungen, die die zweite industrielle Revolution impliziert, bestätigt werden können (vgl. Pätzold & Wahle 2009, S. 67).

3.3 Die dritte industrielle Revolution

In den 1970er Jahren kam es zur dritten industriellen Revolution. Deren Ursache ist umstritten. Während einige Wissenschaftler den Auslöser in der Globalisierung suchen, kritisiert Daniel Cohen, ein französischer Wirtschaftswissenschaftler, diese Begründung und bezeichnet die Globalisierung vielmehr als Folge der dritten industriellen Revolution. Ihm zufolge lässt sich die dritte industrielle Revolution „aus der Computerrevolution und aus der Vermassung des Bildungswesens" (Greinert 1999, S. 97) erklären. Unabhängig vom Erklärungsansatz lässt sich über die dritte industrielle Revolution sagen, dass die Produktion mit Hilfe von Informations- und Kommunikationstechnologien sowie Elektronik zunehmend automatisiert wurde (Köhler u.a. 2015, S. 18). Die damit verbundenen strukturellen Veränderungen konfrontierten die Menschen mit einem Paradox: Zum einen kam es zu einer schnellen Entwertung beruflicher Kompetenzen, zum anderen jedoch zu steigenden Qualifikationsanforderungen. Ergebnisse aus empirischen Studien, die sich zu der Zeit mit der Frage beschäftigten, welche Qualifikationen für die Erwerbsarbeit bestimmend sein werden, wiesen drei Tendenzen auf. Greinert (1999) fasst diese wie folgt zusammen:

1. Die erste These lautete, dass sich in fast allen Bereichen die Nutzung des Computers durchsetzen würde. Der Computer wurde dabei als zentrales Arbeitsinstrument charakterisiert. Mit dem Einsatz von Computern wurde eine Abnahme des Bedarfs an fachlicher Kompetenzen und zugleich die Zunahme von Abstraktions- und Kombinationsfähigkeiten erwartet. Außerdem wurde schon zum damaligen Zeitpunkt eine Flexibilisierung der Arbeitsprozesse prognostiziert. Als Folge der Umstrukturierungen wurde die Zunahme von Wechsel in andere Tätigkeitsbereiche genannt (vgl. Greinert 1999, S. 99 f.).

2. Schon zu diesem Zeitpunkt wurde bei professionsorientierten Berufen die Abnahme spezifischen Wissens und die Zunahme vom Prozesswissen erwartet. Verstanden wurde darunter „eine eher ganzheitliche Qualifikation, die die Demarkationslinien traditioneller Produktion hinter sich [...]" (ebd.) und damit die Zunahme von personalen, sozialen und methodischen Kompetenzen erwarten lässt (vgl. ebd.).

3. Im letzten Punkt fasst Greinert die Bedeutung von Erfahrungswissen zusammen. Dieses wird als entscheidende Ergänzung zu Qualifikationen und Kompetenzen angefügt. Außerdem wurde eine steigende Bedeutung des Erfahrungswissens angenommen (vgl. ebd.).

Die zum damaligen Zeitpunkt vorausgesagten Tendenzen können heute größtenteils bestätigt werden:

(1.) Abb. 2 zeigt die Zunahme des Computers am Arbeitsplatz im Zeitverlauf. 2017 haben 94% der Unternehmen Computer für Arbeitsaufgaben genutzt (vgl. Statista 2018).

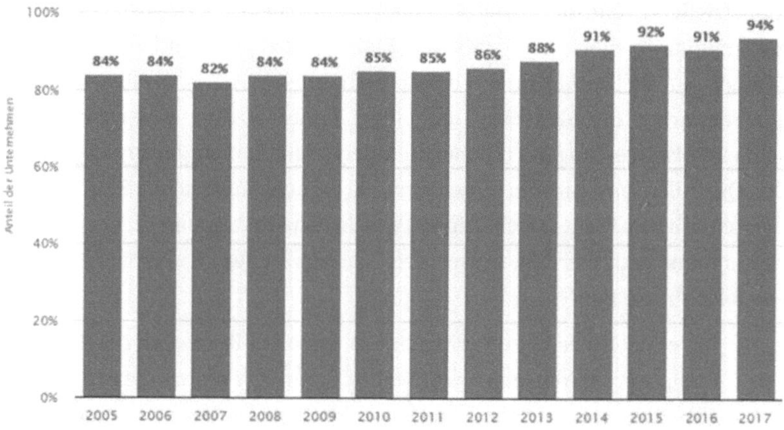

Abbildung 2: Anteil der Unternehmen mit Nutzung von Computern in Deutschland im Zeitraum von 2005 bis 2017
(Statista 2018)

Die Abnahme fachlicher Kompetenzen kann nicht bestätigt werden (z.B. Eilers u.a. 2017). Eher ist ein Wandel der fachlichen Kompetenzen zu beobachten. Die zunehmende Bedeutung der Abstraktions- und Kombinationsfähigkeiten kann für manche, insbesondere technisch orientierte Berufe angenommen werden. Flexibilität wird schon seit Langem vorausgesetzt bzw. ist erwünscht (Stellenanzeigen[6]).

(2.) Die zweite wahrgenommene Tendenz ist besonders interessant, da sie von der Zunahme von personalen und sozialen Kompetenzen spricht. Diese Tendenz kann bestätigt werden (z.B. Stellenanzeigen, acatech u.a. 2016).

(3.) Die dritte Tendenz trifft ebenfalls zu. Bei einer Analyse der Stellenanzeigen ist festzustellen, dass Berufserfahrung gewünscht, oft sogar vorausgesetzt wird (siehe Stellenanzeigen).

Vorhersagen können, müssen aber nicht eintreffen. In diesem Fall sind die meisten Prognosen eingetroffen, was den Einschätzungen gegenüber der Industrie 4.0 mehr Bedeutung verleiht. Allerdings darf die Basis der Aussagen nicht unterschätzt werden. Bei Greinert (1999) ist unklar, wer mit welcher Information diese Aussagen getroffen hat. Die im Kontext der Industrie 4.0 angegebenen Annahmen werden ausführlich erläutert, womit eine Schlussfolgerung auf etwaige Fehleinschätzungen besser möglich ist.

3.4 Die vierte industrielle Revolution

Nun befinden wir uns an der Schwelle zur vierten industriellen Revolution. Diese ist durch die Möglichkeiten der „Internettechnologien und die Vernetzung in die Produktion geprägt." (Köhler u.a. 2015, S. 18) Der gesamte Wertschöpfungsprozess wird vernetzt, wodurch sich sowohl neue Möglichkeiten als auch Herausforderungen bilden. Die neue Stufe der Organisation und Steuerung ermöglicht, Echtzeitinformationen zu erhalten und weiterzuleiten. Dadurch bietet sich eine große Chance, den Wertschöpfungsfluss zu optimieren. Als zentrales Merkmal kann „[d]ie Verschmelzung von Produktionstechnologien und Produkten sowie die Vernetzung beteiligter Komponenten und (Teil-)Systeme [...]" (Köhler u.a. 2015, S. 18) hervorgehoben werden. „Die Digitalisierung verändert Technologien, Produkte, Arbeitsprozesse, Geschäftsmodelle und letztendlich auch die Arbeitsaufgaben der damit befassten Fachkräfte." (Zinke u.a. 2017, S. 15) Die Rolle des Menschen durch den veränderten Wertschöpfungsprozess wird von Huber (2018) wie folgt beschrieben:

---

[6] Gemeint sind die analysierten Stellenanzeigen.

> „War in der ersten industriellen Revolution der Mensch noch der Bediener von Maschinen, so war er in der zweiten der Spezialist und in der dritten der Befähiger. In der vierten Stufe gilt der Mensch nun als Gestalter, nicht nur von Maschinen, sondern der gesamten Wertschöpfung." (S. 13)

Diese Veränderungen werden wie zuvor neue Qualifizierungsmaßnahmen mit sich bringen. Für Zinke u.a. (2017) sind deshalb „[a]däquate Qualifizierungsstrategien, lernförderliche Arbeitsumgebungen und entsprechende Weiterbildungskonzepte [...] unabdingbar." (Zinke u.a. 2017, S. 15) Allerdings stellt sich die Frage, welche Qualifikationen und Kompetenzen der Mensch für seine zukünftige Tätigkeit besitzen muss. In den vorhergegangenen Revolutionen wurde deutlich, dass Bedienern von Maschinen neue Qualifikationen und in manchen Fällen schon bestimmte Kompetenzen zugesprochen wurden. Dass der Mensch nun als Gestalter der gesamten Wertschöpfungskette über bestimmte Qualifikationen verfügen muss, liegt sehr nahe. Laut acatech u.a. (2016) sind sogar die Qualifikationen der Mitarbeiter die Basis für die nachhaltige Entwicklung der Industrie 4.0 (vgl. acatech u.a. 2016, S. 12).

Um der Frage nachzugehen, welche Qualifikationen und Kompetenzen Beschäftigte der Shop-Floor-Ebene zukünftig besitzen müssen, ist es sinnvoll, einen Blick auf verschiedene Studien zu werfen. Einige davon stellen nur quantitative Aussagen bereit und sind deshalb für diese Arbeit nur begrenzt von Interesse. Andere Studien beschäftigen sich (auch) mit qualitativen Fragen. Diese, mit Fokus auf Veränderungen der Kompetenzanforderungen, sind für die vorliegende Arbeit besonders relevant. Sie können über den Bedarf an personalen und sozialen Kompetenzen im Kontext der Industrie 4.0 aufklären.

Im Folgenden werden als Erstes erwartete Effekte der Industrie 4.0 auf Beschäftigungszahlen dargestellt. Erst im Anschluss daran werden die Forschungsergebnisse der Studie von acatech u.a. (2016) und des HR-Report von Eilers u.a. (2017) veranschaulicht und reflektiert.

4 Beschäftigungswandel im Kontext Industrie 4.0

Dieses Kapitel setzt sich mit den Veränderungen durch die Industrie 4.0 auf quantitativer Ebene auseinander. Zu diesem Zweck werden sowohl Thesen als auch Studien, die sich mit Beschäftigungszahlen auseinandersetzen, abgebildet. Im ersten Teil werden die Polarisierungsthese sowie die Upgradingthese dargestellt. Diese verdeutlichen nochmals die kontroversen Diskussionen über den Beschäftigungswandel aufgrund der Industrie 4.0. Anschließend werden erwartete Entwicklungen der Beschäftigungszahlen anhand verschiedener Studien und deren Ergebnissen dargestellt. Es wird sich schnell herausstellen, dass stark diskrepante Aussagen darüber vorliegen.

4.1 Zwei zentrale Thesen über den Beschäftigungswandel durch die Technologisierung

Es gibt eine kontroverse Diskussion über die Entwicklung der Beschäftigungszahlen aufgrund der Industrie 4.0. Die Entwicklungsperspektiven reichen von einer zunehmenden Polarisierung bis hin zum Upgrading von Qualifikationen und Aufgaben. Ersteres entspricht der sogenannten Polarisierungsthese. Diese geht von einer „Polarisierung von Aufgaben und Kompetenzen" (acatech u.a. 2016, S. 9) auf der mittleren Qualifikationsebene aus. Begründet wird diese Entwicklung mit der verstärkten Automatisierung und Digitalisierung von routinisierten Tätigkeiten. Die Tätigkeits- und Kompetenzprofile werden demnach nachhaltig verändert, was zur Einschränkung der Beschäftigungsmöglichkeiten im mittleren Qualifikationsbereich führen wird (vgl. acatech u.a. 2016, S. 9).

Die zweite These ist die Upgradingthese. Die der Polarisierungsthese entgegengesetzte Prognose geht von einem Upgrading von Qualifikationen und Aufgaben aus. Dabei wird zwischen einfachen und der Gesamtheit aller Aufgaben unterschieden. Laut dieser These werden entweder einfache Tätigkeiten abnehmen oder alle Aufgaben und Arbeitsprozesse werden einen Komplexitätszuwachs erfahren und an Anspruch gewinnen. Allerdings gehen Vertreter dieser These nicht zwangsläufig von Arbeitsplatzverlusten aus. Es können neue Chancen für die Beschäftigung entstehen. Beispielsweise können durch das neuartige Assistenzsystem Beschäftigungsmöglichkeiten für niedrig Qualifizierte geschaffen werden (vgl. acatech u.a. 2016, S. 9 f.). Dass dies durchaus möglich ist, konnte schon in der ersten industriellen Revolution bei den Zuarbeitern beobachtet werden (vgl. Rinneberg 1985, S. 25 ff.).

Neben diesen Thesen gibt es weiter ausdifferenzierte Annahmen über die zukünftige Beschäftigungssituation. Eine Untersuchung, die in den letzten Jahren sehr viel Aufmerksamkeit erregt hat, ist die Oxford-Studie von Frey & Osborne (2013). Sowohl Ergebnisse dieser Studie als auch Ergebnisse von weiteren Studien wie z.B. Spöttl (2016) werden im Folgenden kurz dargestellt.

4.2 Frey & Osborne (2013)

Befürchtungen, dass technologischer Wandel zu Arbeitsplatzverlusten führt, gab es schon immer. Neuerdings wird nicht nur die Abnahme von Arbeitsplätzen, sondern vielmehr das *Ende der Arbeit* prognostiziert. Laut Bonin u.a. (2015) liegen aber keine ausreichend soliden Erkenntnisse dazu vor (vgl. S. i). Mit u.a. dem Beschäftigungswandel haben sich auch Frey & Osborne (2013) auseinandergesetzt. Die Studie aus Oxford hat in der Vergangenheit sehr viel Aufmerksamkeit erregt. Untersucht wurde die Automatisierbarkeit von Berufen in den USA. Basis der Untersuchung waren berufliche Tätigkeitsstrukturen, die im Portal Onet abrufbar sind (vgl. Bonin u.a. 2015, S. i).

Frey und Osborne gliedern ihre Studie in drei Schritte. Im ersten Schritt geht es um die sinkende Zahl von Arbeitsplätzen und damit einhergehende Beschäftigungsverluste sowie Arbeitslosigkeit. Im zweiten Schritt werden Tätigkeiten charakterisiert, die mehr oder weniger von der Automatisierung betroffen sind. Durch Experteneinschätzungen werden im letzten Schritt Automatisierungswahrscheinlichkeiten von Berufen in Amerika eingeschätzt (vgl. Bonin u.a. 2015, S. 2).

Im ersten Schritt belegen die Autoren anhand wissenschaftlicher Literatur, dass in der Vergangenheit trotz des technologischen Wandels keine Massenarbeitslosigkeit entstanden ist. „Anschließend werfen sie die Frage auf, ob zukünftige Technologien zur Obsoleszenz menschlicher Arbeit führen können." (Bonin u.a. 2015, S. 2) Die Erläuterungen basieren auf dem theoretischen Modell von Aghion und Howitt (1994). Demnach führen neue Technologien zu höherem Wachstum, da durch den Wandel sowohl neue Firmen als auch Arbeitsplätze entstehen. Diese Entwicklung wird als Kapitalisierungseffekt (capitalization effect) bezeichnet. Die Arbeitslosigkeit sinkt insgesamt. Allerdings steigt die sogenannte „(Such-)Arbeitslosigkeit" (Bonin u.a. 2015, S.2), da die Dauer der Beschäftigungsverhältnisse sinkt und deshalb häufiger die Suche nach einem neuen Arbeitsplatz erfolgt. Als Grund wird eine erhöhte Reallokation von Arbeit genannt. Bezeichnet wird dieser Effekt als kreative Zerstörung (creative destruction) (vgl. Bonin u.a. 2015, S. 2).

Laut Frey und Osborne dominierte bis jetzt der Kapitalisierungseffekt. Die Fähigkeit, Neues zu erlernen, war ein Vorteil der Menschen gegenüber Maschinen. In Zukunft sei die Maschine eine ernstzunehmende Konkurrenz der Menschen, da „die rasanten Entwicklungen im Bereich maschinelles Lernen, künstliche Intelligenz und mobile Robotik" (ebd., S. 3) zum Maschineneinsatz in den bisher von Menschen übernommenen Tätigkeiten führen werden. Diese Einschätzung wird mit zahlreichen Beispielen untermauert.

Der zweite Schritt basiert auf dem Modell von Autor u.a. (2003). In diesem Modell wird zwischen Routinetätigkeiten und Nichtroutinetätigkeiten unterschieden. Routinetätigkeiten werden durch Maschinen ersetzt, „während Nichtroutinetätigkeiten komplementär zum Kapitaleinsatz stehen." (Bonin u.a. 2015, S. 3) Frey & Osborne führen das Modell weiter und differenzieren zwischen Tätigkeiten, die mehr oder weniger für Substitutionen von Kapital und Arbeit empfänglich sind (vgl. ebd.). Im letzten Schritt werden die Automatisierungswahrscheinlichkeiten für Berufe in Amerika mit Hilfe von Experten eingeschätzt.

Das Gesamtergebnis von Frey & Osborne deutet auf zwei große Automatisierungswellen: In den nächsten 10 bis 20 Jahren wird es zur ersten Welle kommen. Dabei werden „zunächst Berufe mit einer hohen Automatisierungswahrscheinlichkeit sukzessive automatisierbar." (ebd., S. 7) 47% der Beschäftigten in den USA werden mit hohem Risiko davon betroffen sein. Anschließend wird sich die Substitution von Menschen durch Maschinen bei Berufen mit mittlerem Risiko verlangsamen. Grund dafür werden technischen Engpässe sein, die erst überwunden werden müssen (vgl. ebd.). Nach der Überwindung dieser Engpässe folgt die zweite Automatisierungswelle. In dieser werden auch die Berufe mit niedriger Automatisierungswahrscheinlichkeit von der Automatisierung betroffen und damit 33% der Beschäftigten bedroht sein. Bei den Einschätzungen handelt es sich allerdings nur um Vermutungen, die nicht tatsächlich eintreffen müssen. Bonin u.a. (2015) fassen Freys & Osbornes Prognosen wie folgt zusammen:

> „Frey und Osborne schreiben nicht ausdrücklich, dass die nach ihrer Einschätzung automatisierbaren Berufe auch tatsächlich automatisiert werden. Sie interpretieren ihre Automatisierungswahrscheinlichkeit allerdings trotzdem nicht nur im Sinne der Wahrscheinlichkeit, dass diese Berufe automatisiert werden können, sondern auch in dem Sinne, dass die entsprechenden Arbeitsplätze in Gefahr (‚at risk') sind. Letztlich setzen sie das technologische Automatisierungspotential dadurch mit dem Risiko der tatsächlichen Automatisierung gleich." (Bonin u.a. 2015, S. 6)

Ein weiteres Ergebnis von Frey & Osborne betrifft die Beziehung zwischen der Automatisierungswahrscheinlichkeit und dem Lohn sowie der Qualifikation. „Die Automatisierungswahrscheinlichkeit eines Berufes sinkt mit dem Lohn und dem Ausbildungsniveau." (ebd.) Damit verdeutlichen die Autoren, dass vor allem Beschäftigte mit einem niedrigen Bildungsabschluss und geringen Lohn von der Automatisierung betroffen sein werden (vgl. ebd., S. 6 f.).

Allerdings werden nur bestehende Beschäftigungsverhältnisse betrachtet. Potenzielle neue Tätigkeitsfelder sind nicht Teil der Diskussion (vgl. ebd., S. 2 f.). Außerdem können die Ergebnisse ohne weitere Analysen nicht auf Deutschland übertragen werden. Deutschland hat ein anderes Bildungssystem, das vor allem durch die duale Ausbildung Vorteile gegenüber den USA aufweist. Durch entsprechende Modifikationen während der Ausbildung kann die Wahrscheinlichkeit einer Integration in den Arbeitsmarkt trotz Automatisierung vollbracht werden.

4.3 Spöttl (2016)

Eine Studie des Bayerischen Unternehmensverbands Metall und Elektro und des Verbands der Bayerischen Metall- und Elektroindustrie, welche von der Universität Bremen unter Leitung von Georg Spöttl erstellt wurde, befasste sich mit den Implementierungen von Industrie-4.0-Technologien in den Unternehmen. Insbesondere die Auswirkungen der Technologien auf die Aus- und Weiterbildung in der Metall- und Elektroindustrie wurden erforscht. Die Untersuchungen u.a. zu Kompetenzanforderungen waren mehrstufig und mehrperspektivisch angelegt. Es wurden Methoden wie z.B. Literaturanalysen, Expertengespräche, Workshops, Fallgespräche und Deckungsanalysen genutzt (Spöttl 2016, S. 21 ff.). Im Folgenden werden nur zentrale Ergebnisse dargestellt. Im Anschluss werden Fragen der Qualifikation in den Blick genommen.

4.3.1 Beschäftigungssituation

Um den aktuellen Stand der Forschung zu ermitteln, hat Spöttl (2016) im ersten Schritt eine Literaturanalyse durchgeführt. Aus den Ergebnissen der quantitativen Studien schließt er, dass die Ermittlung aller Entwicklungen und Folgen der Digitalisierung noch nicht möglich ist, aber von einer Abnahme der Beschäftigungsmöglichkeiten für gering qualifizierte Mitarbeiter angenommen werden kann (vgl. Spöttl 2016, S. 39). Im Gegenzug wird laut Spöttl der Bedarf nach ausgebildeten Facharbeitern und Akademikern steigen (vgl. ebd.). Die aus der Literaturanalyse gewonnenen Informationen fasst er in drei zentralen Prognosen zusammen: Das erste Szenario bezeichnet er als pessimistische Prognose. Kernaussage dabei ist ein hoher Arbeitsplatzverlust. Etwa 50% aller Berufe seien automatisierungsgefähr-det."Insbesondere Routinetätigkeiten im unteren und (mittleren) Bereich unterliegen der Automatisierung. Betroffen davon sind in erster Linie An- und Ungelernte." (ebd., S. 43) Dieser Vorhersage steht die optimistische Prognose entgegen, der zufolge innerhalb von 10 Jahren ca. 400.000 neue Arbeitsplätze geschaffen werden. „Auch die Nachfrage nach höheren Qualifikationen wird zunehmen." (ebd.) Die letzte Schätzung ist die sogenannte Kompensationsprognose. Hier wird bis 2025 zwar ein Verlust von 490.000 Arbeitsplätzen erwartet, zugleich aber ein Gewinn von 430.000 neuen Arbeitsplätzen vermutet (vgl. ebd.).

Nach der Literaturanalyse wurden Expertengespräche und Fallstudien durchgeführt. Der Schwerpunkt der Expertengespräche lag auf der Ermittlung von „Informationen über Veränderungen in der Produktion und zu erwartende Kompetenzveränderungen und -anforderungen." (ebd., S. 22) Bei den Fallstudien ging es vor allem darum, „Schlussfolgerungen zu möglichen Umsetzungen von Industrie 4.0 in Unternehmen, zu Konsequenzen für die Arbeitswelt und zu veränderten Kompetenzanforderungen ziehen zu können." (ebd.) Ergebnisse der Fallstudien und Expertengespräche waren, „dass zum einen den Fachkräften auf Facharbeitsebene und zum anderen den Meistern und Technikern, die sich aus der Facharbeitsebene rekrutieren, auch bei zukünftigen Entwicklungen eine hohe Bedeutung beigemessen wird." (ebd., S. 42) Außerdem wird davon ausgegangen, dass „diese Qualifikationsprofile sowohl qualitativ als auch quantitativ eine wichtige Rolle spielen werden." (ebd.) Für die Berufsausbildung bedeutet das, dass sie weiterhin zur Qualifizierung eingesetzt wird. Die An- und Ungelernten hingegen haben nur eine Chance bei sehr guter Auftragslage. Welche Rolle Hochschulabsolventen einnehmen werden, sei noch unklar (vgl. ebd.).

Auch an dieser Stelle fasst Spöttl die zentralen Aussagen zusammen. Basierend auf dem Grad der Industrie-4.0-Dichte im Unternehmen, lassen sich drei Unternehmensvarianten unterscheiden: Trend A spricht von Unternehmen ohne Industrie 4.0. Demnach werden in der direkten Produktion keine Veränderungen auftreten. Die indirekten Stellen, wie z.B. Stellen, die für die Implementierung von Industrie 4.0 zuständig sind, werden von Veränderungen betroffen sein. Unternehmen mit einer geringen Industrie-4.0-Dichte werden in Trend B eingeordnet. Erwartet werden eine „Stagnation bis leichtes Anwachsen bei den hoch qualifizierten Facharbeitern und merklicher Produktivitätszuwachs." (ebd., S. 44) Der Trend C betrifft „Unternehmen mit hoher ‚Industrie 4.0-Dichte'" (ebd.). Hier wird eine „Zunahme der oberen Qualifikationsebene um 20% bis 30%" und eine Abnahme bzw. ein „([w]eit-gehender) Abbau der Geringqualifizierten" (ebd.) erwartet.

Der vierte Schritt bestand darin, die Ergebnisse aus den ersten drei Schritten mit Hilfe von Experten-Workshops zu überprüfen und gegebenenfalls zu verifizieren. Der Verlust von Arbeitsplätzen bei den An- und Ungelernten wurde auch an dieser Stelle prognostiziert. Manche der Gesprächsteilnehmer deuten auf Beschäftigungs-alternativen, die jedoch abhängig von verschiedenen Aspekten wie Organisations-form, der Arbeit und der Auftragslage sind (vgl. ebd., S. 43).

4.3.2 Veränderungen der Arbeit und Arbeitswelt: Qualifikation

Es ist nicht präzise bestimmbar, welche Auswirkungen die Industrie 4.0 auf die Ar-beitswelt haben wird. Dies hängt vor allem damit zusammen, dass unterschiedliche „Markt- und Produktionsanforderungen und Kombinationsmöglichkeiten der CPS und Organisationsoptionen" (Spöttl 2016, S. 47) ein je anderes Resultat hervor-bringen. Auch die Frage nach den Effekten auf die geforderte Qualifizierung wird je nach Literatur unterschiedlich beantwortet. Allerdings definiert Spöttl zwei Pole:

> „1. der Mensch bleibt ein integraler und unverzichtbarer Bestandteil der Produkti-onswelt der Zukunft und interagiert unmittelbar mit der Technik oder
>
> 2. es kommt ein technikzentrierter Weg zur Anwendung, der von einer hierarchi-schen Organisationsform von Arbeit ausgeht, die dem Menschen nur noch eine kleine Rolle zuweist." (ebd., S. 48)

Der erste Pol lässt sich als sogenannte Schwarmorganisationsform beschreiben. Dabei handelt es sich um eine Organisationsform, die auf kollektive Handlungsori-entierung mit hoch qualifizierten Mitarbeitern wert legt. Diese sind miteinander vernetzt und prozessbezogen tätig (vgl. ebd., S. 48). Die zweite Arbeitsorganisati-onsform wird polarisierte Organisation genannt, die „menschlichem Handeln nur noch kompensatorische Aufgaben zuweist und eine Aufgabenteilung zwischen Mensch und Maschine stärkt." (ebd.)

4.4 Weitere Ergebnisse

Folgende Tabelle zeigt weitere Studien, die sich mit den Auswirkungen der Indust-rie 4.0 auf die Beschäftigungsverhältnisse auseinandergesetzt haben. Die Ergeb-nisse verdeutlichen die Ungewissheit über die zukünftigen Entwicklungen. Wäh-rend Brzeski und Burk (2015) 59% Beschäftigungsverlust für Deutschland vorher-sagen, sind es bei Bonin u.a. (2015) nur 12%. Auch Dengler und Matthes (2015) sprechen von lediglich 15%. Dabei untersuchten Letztere anders als die beiden anderen Studien alle Berufe, statt nur Sektorenvergleiche durchzuführen. Bei der Sachgüterproduktion werden sogar Beschäftigungszunahmen vorausgesagt (vgl. Tabelle 1).

Für ein Gesamtfazit lässt sich sagen, dass Verluste zu erwarten sind, sie jedoch berufsbezogen unterschiedlich ausfallen werden. Zinke u.a. (2017) haben sich beispielsweise mit der Umsetzung der Industrie 4.0 im Karosseriebau der Automobilindustrie in Deutschland befasst. Dabei konnten sie Veränderungen auf der Fachkräfteebene vor allem im Hinblick auf Beschäftigungszahlen und die Arbeitsaufteilung beobachten. Darüber hinaus konnten sowohl Veränderungen im Tätigkeitsprofil als auch Anforderungsprofil verzeichnet werden (vgl. Zinke u.a. 2017, S. 9 ff.). Daraus lässt sich eine unvermeidbare Veränderung von Fachkräftequalifikationen ableiten, d.h. zum einen müssen Ausbildungsinhalte angepasst und zum anderen Weiterbildungen angeboten werden.

Quelle	Ergebnis	Zeitraum	Anmerkung
Frey und Osborne (2013)	- 47%	10 - 20 Jahre	USA, alle Sektoren
Bowles (2014)	- 47 bis - 60%	10 - 20 Jahre	All EU Mitgliedsstaaten; Replikation der Analyse von Frey/Osborne 2013 für die EU
Brzeski und Burk (2015)	-59%	10-20 Jahre	Deutschland, alle Sektoren
Bonin et al. (2015)	- 12%	10-20 Jahre	Deutschland, alle Sektoren
Dengler und Mattes (2015)	-15%	2013	Deutschland, alle Berufe
Boston Consulting Group (2015)	+ 6%	10 Jahre	Deutschland, Sachgüterproduktion
Wollter et al. 2015	< 1 %	25 Jahre	Deutschland, Sachgüterproduktion, aber auch gesamtwirtschaftliche Effekte

Tabelle 1: Studien zur potenziellen Wirkung der Digitalisierung auf Beschäftigung
Quelle: bmvit 2017, S. 16

Die Digitalisierung hat die Arbeitswelt bereits vor Herausforderungen gestellt und wird dies auch weiterhin tun. Nicht nur die

> „veränderte(n) Qualifikationsanforderungen und die Fortschreibung von Berufen, sondern auch (..) weitere Zukunftsfragen, wie z. B. die nach der passenden Ausbildungsgestaltung, der Fortschreibung des Berufskonzepts, dem Verhältnis von Berufsbildung und akademischer Bildung, der Entwicklung des quantitativen Fachkräftebedarfs und schließlich (..) die Frage der künftigen Bedeutung der Berufsbildung(..)" (Zinke u.a. 2017, S. 16)

sind wichtige Themen, mit denen sich die Berufspädagogik auseinandersetzten muss.

Die zunehmende Digitalisierung bedeutet aber auch, dass der Bedarf an menschlichen Mitarbeitern für bestimmte Aufgaben nicht mehr notwendig sein wird. Einfache Tätigkeiten wie zum Beispiel das Bestellen von Material werden von den CPS übernommen. Fachkräfte, die sich sowohl mit der Programmierung als auch Bedienung solcher Systeme auskennen, werden dagegen zunehmend benötigt.

Im IAB Forschungsbericht 2015 wurden beispielsweise Einflussgrößen, die sich im Übergang zur Industrie 4.0 verändern werden, bestimmt. Daneben wurden Folgen und Ergebnisse von Einflussgrößen mit Hilfe der Szenario-Technik auf Basis des QuBe-Projekts identifiziert. Als Folgen konnten neben Ausrüstungsinvestitionen, Bauinvestitionen, der steigenden Nachfrage nach neuen Gütern und verändertem Material- und Personalaufwand auch veränderte Berufsfeldstrukturen ermittelt werden (vgl. IAB 2015, S. 8). Demnach würde die neue Berufsfeldstruktur die Qualifikationsstruktur der Gesamtwirtschaft verändern (vgl. ebd., S. 48).

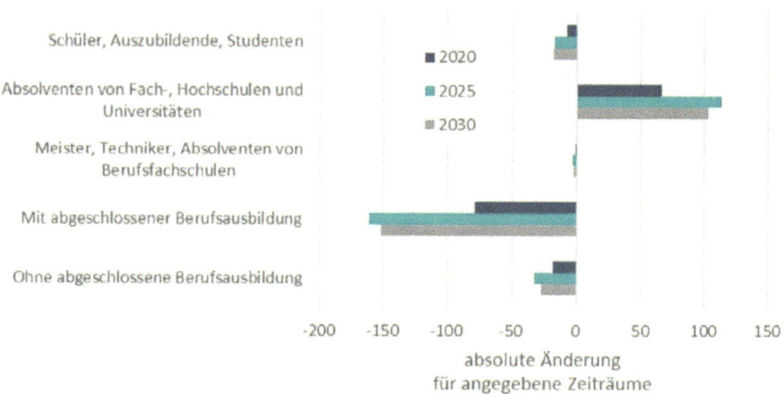

Abbildung 3: Prognose der Nachfrage nach Personen in 1000 mit bestimmten Abschlüssen
(IAB 2015, S. 49)

Abbildung 3 zeigt die Prognose der Nachfrage nach Personen mit bestimmten Abschlüssen in zwei, sieben und zwölf Jahren. Die sich verändernde Berufsfeldstruktur wird laut diesem Schaubild auch die Qualifikationsstruktur der Gesamtwirtschaft verändern. Es wird deutlich, dass die Nachfrage nach Hochschulabsolventen stark zunehmen wird. Dies wird mit der steigenden Nachfrage nach kognitiv geprägten Berufen mit geringen Routine-Anteilen begründet. Demgegenüber nimmt die Nachfrage nach Personen mit Berufsausbildung, aufgrund des hohen Routineanteils dieser Berufe, drastisch ab (vgl. ebd., S. 48).

4.5 Schlussfolgerungen aus den bisherigen Ergebnissen

Es wurde schon erwähnt, dass der Vorteil von Menschen gegenüber Maschinen die Lernfähigkeit ist. Durch maschinelles Lernen wird dieser Vorzug aufgehoben. So wird der Mensch in vielen Bereichen durch eine Maschine ersetzt, eine billigere Arbeitskraft, die rund um die Uhr eingesetzt werden kann. Jedoch gibt es weitere Merkmale des Menschen, die bislang von Maschinen nicht nachgeahmt werden können. Diese sind die sozialen und personalen Kompetenzen. Nicht zuletzt deshalb ist es sinnvoll, diese Kompetenzen in den Blick zu nehmen und den Bedarf danach zu ermitteln. In einem ersten Schritt kann dazu eine Literaturanalyse hilfreich sein. Aus dieser lassen sich erste Thesen über die Qualifikationsanforderungen und den Bedarf an sozialen und personalen Kompetenzen gewinnen. Daher werden im nächsten Kapitel Studien aufgegriffen, die sich mit den Qualifikationsanforderungen und dem Kompetenzbedarf im Kontext Industrie 4.0 beschäftigen. Dabei liegt der Fokus auf den Veränderungen auf der Shop-Floor-Ebene.

5 Veränderungen der Qualifikationsanforderungen im Kontext der Industrie 4.0

Wie zu sehen ist, liegen in den quantitativen Prognosen diskrepante Aussagen vor. Im Bereich der qualitativen Vorhersagen hingegen findet sich „weniger das Problem kontroverser Einschätzungen als das Problem, für die Vielfalt der potentiell betroffenen Beschäftigungssegmente und Berufsgruppen Aussagen bereit zu stellen (..).“ (Nickolaus u.a. 2018, S. 1) In diesem Kapitel werden, wie angekündigt, ausführlich verschiedene Studien dargestellt, die sich u.a. mit den Qualifikationsanforderungen der Industrie 4.0 beschäftigen. Diese sollen später als Grundlage für einen Vergleich der empirischen Ergebnisse dienen, die sich aus der Stellenanzeigenanalyse ergeben. Die Kompetenzbedarfe der Mitarbeiter auf dem der Shop-Floor-Ebene, sind dabei zentral für diese Arbeit. Die Studien werden in vier Schritten erarbeitet und präsentiert:

1. Der erste Schritt wird die allgemeine Beschreibung der Studie beinhalten. Dazu werden Motiv, Zielsetzung sowie Methode u.Ä. beschrieben.

2. Im zweiten Schritt werden die zentralen Ergebnisse dargestellt.

3. Anschließend wird im dritten Schritt die Bedeutung von sozialer und personaler Kompetenz herausgearbeitet. Dazu werden in Anlehnung an die Theorien von Kanning (2009) und Hintz (2018) soziale Kompetenzen und Treutlein (2013) personale Kompetenzen identifiziert. Im Anschluss werden die Ergebnisse im Gesamtkontext der Studie betrachtet. Erst die Betrachtung in Relation zu fachlichen Kompetenzen (Qualifikationsanforderungen) ermöglicht, sinnvolle Annahmen über den Bedarf an sozialen und personalen Kompetenzen zu treffen.

4. Im letzten Schritt werden die Methoden sowie die Ergebnisse reflektiert und damit u.a. die Geltungsansprüche hinterfragt.

Im Folgenden werden vier ausgewählte Studien betrachtet. Grund für die Auswahl waren inhaltliche Gesichtspunkte (vorhandene Ergebnisse zu personaler und sozialer Kompetenz) und die Präsenz der Studien im aktuellen Forschungsdiskurs.

5.1 Acatech u.a. (2016)

Die deutsche Akademie der Technikwissenschaften (acatech) hat in Kooperation mit dem Fraunhofer IML und der equeo eine Kompetenzentwicklungsstudie zur Industrie 4.0 durchgeführt. Ausgangspunkt der Kompetenzentwicklungsstudie ist die Annahme, „dass in deutschen Unternehmen ein erheblicher Bedarf zur

Kompetenzentwicklung für die Industrie 4.0 besteht, dass kleine und mittlere Unternehmen im Vergleich zu Großunternehmen andere Prioritäten setzen und dass gezielte Maßnahmen für die Qualifizierung der Mitarbeiterinnen und Mitarbeiter als Schlüssel für die Gestaltung des digitalen Wandels erforderlich sind." (acatech u.a. 2016, S. 8) Ziel ist es, zukünftige Kompetenzbedarfe und die Qualifikationsanforderungen der Unternehmen zu ermitteln und einen inhaltlichen Beitrag zur Qualifikationsoffensive zu leisten. Diese wurde 2014 von der Arbeitsgruppe 6 des Nationalen IT-Gipfels initiiert und kam zu dem Schluss, dass aufgrund der vierten industriellen Revolution Weiterbildungsbedarfe auf drei Handlungsebenen in den Unternehmen bestehen. Demnach ist für die erste Ebene, die Geschäftsführung und weitere Entscheidungsträger, neben der Vermittlung des Nutzens der Industrie 4.0 die Funktionsweise der CPS von besonderer Bedeutung. Die Planungsebene (zweite Ebene) sollte ausreichend Informationen über die Funktionsweise der neuen Systeme haben und deren Vor- und Nachteile bekannt sein. Diese sind zur besseren Analyse des Unternehmens und der damit verbundenen Umsetzungsplanung notwendig. Die letzte Ebene ist die Mitarbeiter-Ebene. Hier sind insbesondere Mitarbeiter aus der Produktionsebene u.a. (Mitarbeiter der Shop-Floor-Ebene) gemeint. Diese sollen auf die Arbeit mit den neuen Systemen vorbereitet werden (vgl. ebd., S. 7 f., S. 12). Für die vorliegende Arbeit ist die letzte Ebene von Bedeutung.

5.1.1 Untersuchungsdesign und Stichprobe

Im ersten Schritt wurden mithilfe einer Unternehmensbefragung Kompetenz- und Qualifikationsbedarfe ermittelt. Darauf aufbauend konnten Handlungsempfehlungen für die Qualifizierung formuliert werden. Im letzten Schritt wurden verschiedene Ansätze für die zukünftige Aus- und Weiterbildung dargestellt. Relevant für diese Arbeit ist nur der erste Schritt, da der Rest zum einen den Rahmen der Arbeit sprengen würde und zum anderen keine Bedeutung für die Analyse und das Endergebnis trägt.

Die Unternehmensbefragung erfolgte mit Hilfe einer Online-Umfrage bei deutschen Unternehmen. Daneben wurden Fachleute aus Wissenschaft und Wirtschaft mittels eines Leitfadens interviewt. Der Fragebogen und der Interviewleitfaden nahmen Bezug zu anderen Umfragen. Hierzu zählen unter anderem die Studien von

Deloitte (2013[7]), des Deutschen Industrie- und Handelskammertages (2014[8]) und Ingenics (2014[9]). Zuvor wurden die oben genannten Instrumente im Sinne eines Pre-Tests von Unternehmen überprüft.

Der Fragebogen wurde online ausgefüllt. Von 345 teilnehmenden Unternehmen beantworteten lediglich 198 alle Fragen. Die Fragebögen wurden über „Netzwerke von acatech, die Plattform Industrie 4.0 und die Arbeitsgemeinschaft industrieller Forschungsgemeinschaften (AiF) sowie verschiedene regionale Industrie- und Handelskammern verbreitet" (acatech u.a. 2016, S. 8), womit die Studie nicht repräsentativ ist. Es wurde zwischen Großunternehmen sowie kleinen und mittleren Unternehmen (KMU) unterschieden. Alle Unternehmen mit einem Jahresumsatz von mehr als 50 Millionen Euro wurden der Kategorie Großunternehmen zugeordnet. Insgesamt konnten 41% der Betriebe zu dieser Kategorie zugeordnet werden. Alle Unternehmen unter einem Jahresumsatz von 50 Millionen Euro wurden als KMU eingeordnet. Diese waren mit 59% vertreten, womit eine ungleiche Repräsentation gegeben ist. Die befragten Unternehmen kamen aus verschiedenen Bereichen. Damit wurde ein breites Spektrum an Branchen abgedeckt. Der Schwerpunkt lag allerdings „auf den Bereichen Maschinen und Anlagenbau (20,7%) sowie Automotive (14,7%)." (ebd.) Über die Branchenzugehörigkeit der restlichen 65% wird keine Aussage getroffen. Der Fragebogen wurde größtenteils von der Geschäftsleitung (46,5%) beantwortet. Andernfalls waren es meist Vertreter aus anderen Funktionsbereichen (z.B. Produktentwicklung, Personalabteilung). Die leitfadengestützten Interviews wurden per Telefonat durchgeführt. Dazu wurden 38 Fachleute aus Wissenschaft und Wirtschaft ausgewählt. Ziel der Auswahl war, „ein möglichst breites Spektrum an Befragten und Sichtweisen abzudecken." (ebd.) Wie die Auswahl durchgeführt wurde, ob randomisiert oder nicht, ist unklar. Zu den Auswahlkriterien der Fachleute aus der Wirtschaft zählten die Unternehmensgröße, der Digitalisierungsgrad und die Funktion der Befragten im Unternehmen. Auf welcher

---

[7] Deloitte (2013): Digitalisierung im Mittelstand, URL: http://www2.deloitte.com/content/dam/Deloitte/de/Documents/Mittelstand/Digitalisierung-im-Mittelstand.pdf [letzter Zugriff: 9. März 2016]. Angabe von acatech u.a. 2016.

[8] Deutscher Industrie- und Handelskammertag (2014): Wirtschaft 4.0: Große Chancen, viel zu tun, URL: http://www.dihk.de/ressourcen/downloads/ihk-unternehmensbarometer-digitalisierung.pdf/at_download/file mdate=1423127136758 [letzter Zugriff: 9. März 2016]. Angabe von acatech u.a. 2016.

[9] Ingenics (2014) (Hrsg.): Industrie 4.0 – Eine Revolution der Arbeitsgestaltung, URL: https://www.ingenics.de/assets/downloads/de/Industrie40_Studie_Ingenics_IAO_VM.pdf [letzter Zugriff: 9. März 2016]. Angabe von acatech u.a. 2016.

Basis und weshalb diese Kriterien und nicht andere herangezogen werden, wird nicht begründet. Bei der Auswahl der Wissenschaftler wurde nur ein Kriterium aufgestellt: Sie sollten verschiedene Disziplinen repräsentieren, um eine pluralistische Sichtweise auf die Kompetenzentwicklung sichern zu können (vgl. ebd.).

5.1.2 Systematisierung der Kompetenzen und Fähigkeiten

Bei der Ergebnisdarstellung wurden die Resultate der Online-Umfrage sowie der Interviews geschildert (vgl. acatech u.a. 2016, S. 10). Untersucht wurden auf der einen Seite Kompetenzen, die für die Unternehmen zur Umsetzung der Industrie 4.0 eine bedeutende Rolle spielen, und auf der anderen Seite Fähigkeiten der Beschäftigten, die für Industrie 4.0 relevant sind.

> „Diese Differenzierung erlaubt einerseits die Identifikation von Kompetenzen, denen ein Unternehmen durch Kauf von Technik oder Zuhilfenahme einer Beratung, Einstellung von Personal oder Kooperation mit externen Dienstleistern oder aber Qualifikationsmaßnahmen begegnen kann. Andererseits wird hierdurch die Benennung von Fähigkeiten, die in Bezug auf die eigenen Beschäftigten und deren Qualifikationen von Bedeutung sind, ermöglicht." (ebd., S. 12)

Neben der Aufteilung in Unternehmenskompetenzen und Fähigkeiten der Beschäftigten wurden die Kompetenzen und Fähigkeiten nochmals in drei Gruppen untergliedert. Die Systematisierung und die Zuordnung der Kompetenzen und Fähigkeiten zeigt Tabelle 2 (vgl. acatech u.a. 2016, S. 12). Unter den technologie- und datenorientierten Kompetenzen werden „spezifische Fachkenntnisse in der Entwicklung, Anwendung und Beherrschung digitaler Technologien [...]" (acatech u.a. 2016, S. 12) gefasst. Die

> „prozess- und kundenorientierten Kompetenzen und Fähigkeiten beschreiben das Verständnis für die Zusammenhänge in den Wertschöpfungsnetzwerken einschließlich der Organisation und Koordination von Kundenbeziehungen; unter infrastruktur- und organisationsorientierten Kompetenzen und Fähigkeiten lassen sich der Umgang mit technischen Basiskomponenten im Unternehmen und Soft Skills subsumieren." (acatech u.a. 2016, S. 12)

Wie zu sehen ist, werden den Unternehmenskompetenzen eher spezifischere Kompetenzen und vor allem fachliche Kompetenzen in den Bereichen IT, Cloud-Architekturen und Service Technik zugeordnet. Überfachliche Kompetenzen bzw. soziale und personale Kompetenzen sind in den Fähigkeiten der Beschäftigten zu finden. Deshalb werden die Unternehmenskompetenzen nur für den Vergleich von Großunternehmen und KMU betrachtet. Bei der Analyse der Kompetenzanforderungen werden nur die Mitarbeiterfähigkeiten untersucht.

	Unternehmenskompetenz	Fähigkeiten der Beschäftigten
Technologie-/Datenorientiert	- Datenauswertung und -analyse - IT-Sicherheit - Cloud-Architekturen - Künstliche Intelligenz - User-Support/Service Technik	- Interdisziplinäres Denken und Handeln - Beherrschung komplexer Arbeitsinhalte - Fähigkeit zum Austausch mit Maschinen - Problemlösungs- und Optimierungskompetenz
Prozess-/Kundenorientiert	- Prozessmanagement - Kundenbeziehungsmanagement - IT-Geschäftsanalysen - eCommerce/Online-Marketing - Beratung	- Zunehmendes Prozess-Knowhow - Mitwirkung an Innovationsprozessen - Fähigkeit zur Koordination von Arbeitsabläufen - Dienstleistungsorientierung
Infrastruktur-/Organisationsorientiert	- Umgang mit spezifischen IT-Systemen - Netzwerk-/Datenbankadministration - IT-Architekturen - Datenschutz	- Führungskompetenz - Eigenverantwortliche Entscheidungen - Sozial-/ Kommunikationskompetenz

Tabelle 2: Systematisierung der Unternehmenskompetenzen und Fähigkeiten der Beschäftigten

Quelle: eigene Darstellung in Anlehnung an acatech u.a. 2016, S. 12

5.1.3 Zentrale Ergebnisse

Bei der Darstellung der Ergebnisse wurde zum einen ein Gesamtergebnis ohne Unterscheidung zwischen großen Unternehmen und KMU zur Verfügung gestellt und zum anderen eine differenziertere Betrachtung ermöglicht. Beim Gesamtergebnis wurden die wichtigsten Kompetenzbedarfe der Unternehmen und die Bedarfe an zukünftigen Mitarbeiterfähigkeiten dargestellt. Für die Unternehmen zeigt sich im Hinblick des Kompetenzbedarfes, dass der bedeutendste Stellenwert mit 60,6% der Datenauswertung und -analyse zukommt. Darauf folgen das Prozessmanagement (53,7%), das Kundenbeziehungsmanagement (46,5%), der Umgang mit spezifischen IT-Systemen (45,6%), die IT-Geschäftsanalyse und die IT-Sicherheit (41,6%) (siehe Abb. 4) (vgl. acatech u.a. 2016, S. 13).

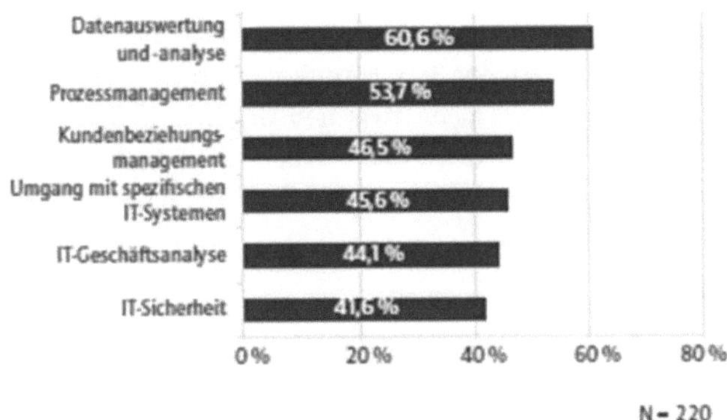

Abbildung 4: Kompetenzbedarf der Unternehmen
(acatech u.a. 2016, S. 13)

Bei den Bedarfen nach künftigen Mitarbeiterfähigkeiten gaben 61,1% der Befragten interdisziplinäres Denken und Handeln an. Zunehmendes Prozess-Knowhow (56,2%), Führungskompetenz (55,4%), Mitwirkung an Innovationsprozessen (54,2%), Problemlösungs- und Optimierungskompetenz (53,7%) wurden von mehr als der Hälfte der Befragten angegeben. Eigenverantwortliche Entscheidungen (50%) nannte die Hälfte der Befragten (siehe Abb. 5) (vgl. acatech u.a. 2016, S. 13).

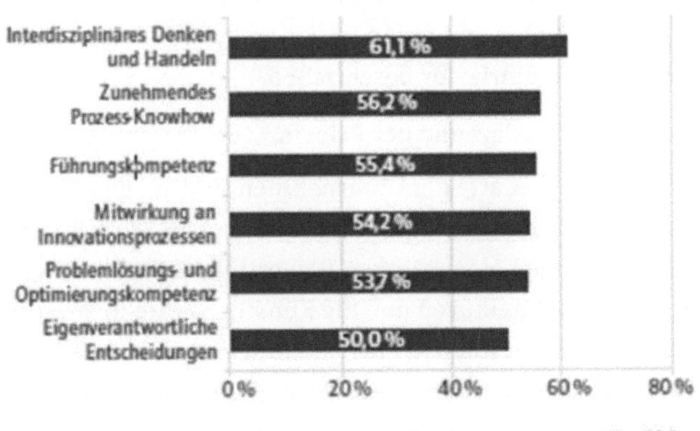

Abbildung 5: Bedarf an künftigen Mitarbeiterfähigkeiten
(acatech u.a. 2016, S. 13)

Da das Gesamtergebnis nur die wichtigsten Kompetenzen abbildet, ist es schwierig, daraus Konsequenzen für den künftigen Kompetenzbedarf abzuleiten. Derartige Schlussfolgerungen sind erst nach der Betrachtung aller Ergebnisse und vor allem nach der Auswertung der Unterschiede zwischen Großunternehmen und KMU sinnvoll. Bei der differenzierten Betrachtung wurden sowohl die Ergebnisse der Großunternehmen als auch die der KMU dargestellt. Dabei wurden vier Aspekte untersucht:

a) die Kompetenzbedarfe der Unternehmen

b) die Prioritäten für die Entwicklung der Unternehmenskompetenzen

c) der Bedarf für Mitarbeiterfähigkeiten

d) die Prioritäten bei der Entwicklung der Mitarbeiterfähigkeiten

Es konnten Unterschiede zwischen Großunternehmen und KMU festgestellt werden. Kleine und mittlere Unternehmen weisen im Gegensatz zu Großunternehmen einen geringeren Grad an Digitalisierung auf. Bei der Umsetzung der Industrie 4.0 besteht daher für KMU ein deutlich höherer Nachholbedarf. Ein weiterer Aspekt sind die unterschiedlichen Schwerpunkte und Bedarfe, die bei der Kompetenzentwicklung und Qualifizierung festgestellt wurden (vgl. ebd., S. 5). Da sich die ersten zwei Aspekte (a und b) auf die Unternehmenskompetenzen beziehen und somit vor allem fachliche Kompetenzen in den Blick nehmen, werden die einzelnen Ergebnisse von a und b im Folgenden nicht ausführlich dargestellt. Stattdessen wird ein Gesamtergebnis von a und b bevorzugt. Anschließend werden die Aspekte c und d aufgrund ihrer Relevanz ausführlicher beschrieben.

Ergebnisse zum Kompetenzbedarf und der Priorität von Unternehmen

Hinsichtlich der Kompetenzbedarfe der Unternehmen sind auf den ersten Blick nur geringe Unterschiede zwischen Großunternehmen und KMU sichtbar. Lediglich drei Kompetenzen unterliegen einer starken Bewertungsdifferenz. Diese sind der User-Support, die Cloud-Architekturen und die Künstliche Intelligenz. Diesen technologie- und datenorientierten Unternehmenskompetenzen sprechen Großunternehmen große Priorität zu, während die KMU 16% - 22% weniger Wert auf diese Kompetenzen legen (vgl. ebd., S. 14). Auch bezüglich der Prioritäten für die Entwicklung der Unternehmenskompetenzen wird deutlich, dass die Großunternehmen einen stärkeren Fokus auf die technologie- und datenorientierten Unternehmenskompetenzen legen. Dagegen sind den KMU die prozess- und kundenorientierten Kompetenzen wichtiger (vgl. ebd., S. 15).

Grund für diese großen Unterschiede können begriffliche Unklarheiten sein. Es kann davon ausgegangen werden, dass nicht jeder Teilnehmer die Termini der Industrie 4.0 kennt. Ein weiterer Grund könnten die finanziellen Mittel und die Größe von Unternehmen sein, die diese Technologien nicht mit einbeziehen können oder wollen (mehr dazu in Kapitel 5.1.6 Reflexion).

Ergebnisse zum Bedarf und der Priorität für Mitarbeiterfähigkeiten

Abbildung 6 zeigt die Ergebnisse zu den Bedarfen an Mitarbeiterfähigkeiten. Deutliche Unterschiede zwischen den großen Unternehmen und den KMU sind in den ersten zwei Fähigkeiten zu erkennen. Interdisziplinärem Denken und Handeln wurde von den Großunternehmen die größte Priorität zugesprochen (73,8%).

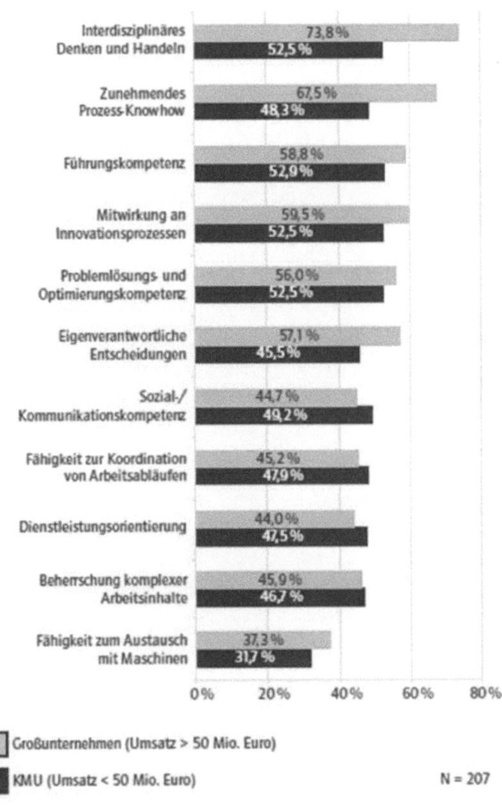

Abbildung 6: Bedarf an Mitarbeiterfähigkeiten
(acatech u.a. 2016, S. 15)

Bei den KMU hingegen teilt das interdisziplinäre Denken und Handeln den zweiten Rang mit den Fähigkeiten *Mitwirkung an Innovationsprozessen* und *Problemlösungs- und Optimierungskompetenz* (52,5%). Die höchste Priorität der KMU erlangte die Führungskompetenz (52,9%). Auch die nächste Fähigkeit, zunehmendes Prozess-Knowhow, das 67,5% der Großunternehmen nannten, wurde von lediglich 48,3% der KMU angegeben. Die Führungskompetenz, die für die KMU an erster Stelle steht, wurde von 58,8% der Großunternehmen erwähnt und erhielt somit Rang vier. Eine weitere hohe Differenz ist bei eigenverantwortlichen Entscheidungen sichtbar. Während Großunternehmen bei den eigenverantwortlichen Entscheidungen 57,1% aufweisen, erreichen die KMU knapp 12% weniger (45,5%).

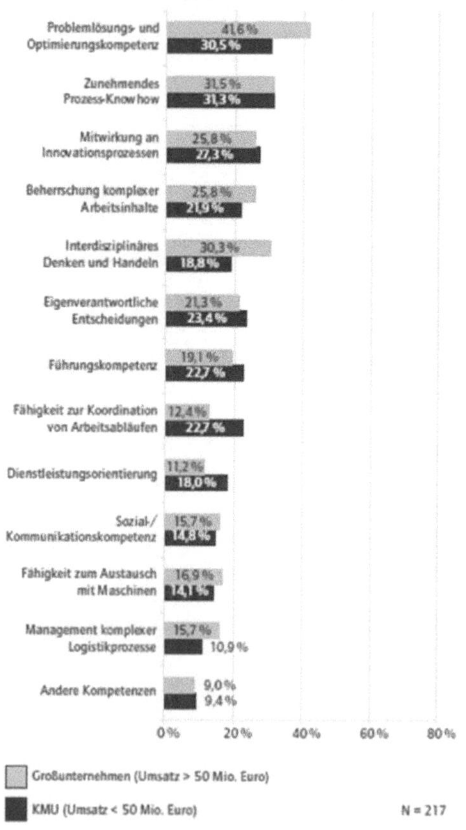

Abbildung 7: Prioritäten bei der Entwicklung der Mitarbeiterfähigkeiten (acatech u.a. 2016, S. 16)

Auch Abbildung 7 zeigt, dass die Priorität der Großunternehmen technologie- und datenorientierte Fähigkeiten sind, die Prioritäten der KMU dagegen sind prozess- und kundenorientierte Fähigkeiten.

Die Ergebnisse untermauern damit die Unterschiede zwischen Großunternehmen und KMU. Während die Großunternehmen mehr Wert auf den technologie- und datenorientierten Bereich legen, setzen die KMU ihren Schwerpunkt auf die prozess- und kundenorientierten sowie infrastruktur- und organisationsbezogenen Fähigkeiten. Von zentraler Bedeutung sind dabei die Datenauswertung und -analyse sowie das bereichsübergreifende Prozess-Knowhow und -management. Außerdem wird besonderer Wert auf interdisziplinäres Denken und Handeln, das Kundenbeziehungsmanagement und die Führungskompetenz gelegt (vgl. ebd., S. 15 f.).

5.1.4 Analyse der personalen Kompetenz

Hinsichtlich der Ergebnisse, insbesondere die der Mitarbeiterfähigkeiten, zeigt sich folgendes Bild für die Bedeutung der personalen Kompetenz: Es lässt sich nur eine Fähigkeit mit Sicherheit der personalen Kompetenz zuordnen, die Fähigkeit zu eigenverantwortlichen Entscheidungen.

5.1.5 Analyse der sozialen Kompetenz

Wie viele Items der sozialen Kompetenz vorzufinden sind, ist schwierig zu bestimmen. Zum einen ließe sich der aufgeführte Begriff der *Sozialkompetenz* als Synonym zur sozialen Kompetenz verstehen. Dies würde die Berücksichtigung vieler Komponenten der sozialen Kompetenz implizieren. Da jedoch nicht zu beantworten ist, auf welcher Theorie der Begriff *Sozialkompetenz* basiert und was darunter verstanden wird, muss der Begriff als einzelne Komponente und nicht Überbegriff betrachtet werden. Auch in Anbetracht dessen, dass weder fachliche noch personale Kompetenz als Überbegriff aufgeführt wurden und man stattdessen einzelne Unterkomponenten dieser aufgelistet hat, ist es sinnvoll, die Sozial- und Kommunikationskompetenz als zwei einzelne Items zu betrachten. Somit ergibt sich hier ein ähnliches Bild wie bei der personalen Kompetenz: Lediglich zwei Fähigkeiten[10] lassen sich identifizieren: Die Sozialkompetenz und Kommunikationskompetenz.

---

[10] Die einzelnen Komponenten der personalen und sozialen Kompetenz werden im Folgenden u.a. als Fähigkeiten bezeichnet.

5.1.6 Reflexion

Positiv anzumerken ist die Anzahl der Teilnehmer dieser Studie. Es haben 345 Unternehmen an der Online-Umfrage teilgenommen. Obwohl nur 198 Fragebögen komplett beantwortet wurden, kann von einer großen Stichprobe gesprochen werden. Ähnlich ist es bei den Interviews. Hier wurden 38 Fachleute befragt, was eine Repräsentativität der Ergebnisse erwarten lässt. Ein Gesichtspunkt, der die Repräsentativität der Studie in Frage stellt, ist die Auswahl sowohl der Unternehmen als auch Fachleute. Während die Online-Befragung nur auf den Netzwerken von acatech, der Plattform Industrie 4.0, in der Arbeitsgemeinschaft industrieller Forschungsgemeinschaften (AiF) und in regionalen Industrie- und Handelskammern verbreitet wurde und somit eine Eingrenzung der potenziellen Teilnehmer stattfand, wurden die Fachleute nicht randomisiert ausgewählt. Stattdessen mussten bestimmte Kriterien erfüllt werden, um an der Befragung teilzunehmen. Auch die Auswahl dieser Kriterien bleibt unklar. Damit kann keine Reliabilität erwartet werden.

Ein weiterer Aspekt, der die allgemeine Gültigkeit der Ergebnisse beeinträchtigt, ist die Schwerpunktsetzung auf den Maschinen- und Anlagenbau. Andere Branchen werden vernachlässigt, wodurch eine Übertragung der Ergebnisse auf alle Branchen ausgeschlossen wird. Unklar ist an dieser Stelle, weshalb der Schwerpunkt auf diese Branchen und nicht auf andere gelegt wurde. Mit ca. 36% Anteil der zwei Branchen Maschinen- und Anlagenbau (20,7%) sowie Automotive (14,7%) repräsentieren sie schließlich nicht die Mehrzahl der Befragten.

Grund für die großen Unterschiede zwischen den KMU und Großunternehmen können Unklarheiten bei den Begriffen sein. Es kann davon ausgegangen werden, dass nicht jeder Teilnehmer die Termini der Industrie 4.0 kennt. Ein weiterer Grund könnten die finanziellen Mittel und die Größe von Unternehmen sein, die diese Technologien nicht mit einbeziehen können (finanzielle Aspekte) oder sie nicht für nötig halten (Unwissen, zu kleines Unternehmen, deshalb nicht lohnenswert).

Wie zu sehen ist, werden in dieser Studie die personale und soziale Kompetenz stark vernachlässigt. Außerdem ist die Bedeutung von sozialer Kompetenz für die Großunternehmen geringer als für die KMU.

5.2 HR-Report (2017)

Im Folgenden wird eine weitere Studie betrachtet: der HR-Report von Eilers und seinen Mitarbeitern (2017). Dieser soll einen Vergleich zur Studie von acatech u.a. (2016) und somit einen kritischen Blick auf beide Ergebnisse ermöglichen.

5.2.1 Untersuchungsdesign und Stichprobe

Im Auftrag der Hays AG hat das Institut für Beschäftigung und Employability (IBE) eine empirische Studie zu Kompetenzen für eine digitale Welt mit dem Schwerpunkt Arbeit 4.0 durchgeführt. Die Studie wurde mit Hilfe einer Onlineumfrage erhoben. Insgesamt haben 591 Führungskräfte daran teilgenommen. 68% der befragten Führungskräfte stammen aus Deutschland, 22% aus der Schweiz und die restlichen 10% aus Österreich. Dabei unterschieden sich die Unternehmen im Hinblick auf die Mitarbeiterzahl und die Branche. Auch die Position der Führungskräfte variierte. Knapp die Hälfte der Unternehmen (46%) beschäftigen weniger als 1.000 Mitarbeiter (kleine Unternehmen). 36% haben zwischen 1.000 und 4.999 Mitarbeiter (mittlere Unternehmen) und nur 18% mehr als 5.000 Mitarbeiter (Großunternehmen). Obwohl zu Beginn der Studie Führungskräfte als Zielpublikum der Befragung genannt werden, wird in einer Abbildung deutlich, dass es sich bei den Probanden nicht ausschließlich um Führungskräfte handelt. Nur 65% der Befragten sind Führungskräfte gewesen. Davon stammten 45% aus der Führungskräfte-Fachabteilung und 20% aus dem Bereich HR. Weshalb nur von Führungskräften gesprochen wird und die Teilnahme von Nicht-Führungskräften unerwähnt bleibt, ist unklar und stellt die Validität der Ergebnisse infrage. Die restlichen Befragten stammen zu 12% aus der Unternehmensleitung und 23% der Befragten waren Mitarbeiter. Der Großteil der befragten Unternehmen (48%) war im Dienstleistungsbereich tätig. Industrieunternehmen waren mit 42% und der Öffentliche Sektor mit 10% vertreten (vgl. Eilers u.a. 2017, S. 6 ff.).

5.2.2 Zentrale Ergebnisse

Die Darlegung der Ergebnisse erfolgte in einer Gesamtdarstellung ohne Differenzierung von Teilgruppen. Nur bei Vergleichen zum Vorjahr oder Besonderheiten wurden Teilgruppen betrachtet (vgl. Eilers u.a. 2017, S. 6). Im Rahmen dieser Arbeit werden in erster Linie die Ergebnisse von Deutschland erläutert. Falls die Studienergebnisse dies nicht ermöglichen, wird das Gesamtergebnis aller Befragten dargestellt.

Da der HR-Report der sechste seiner Art war, konnten verschiedene Aspekte im Zeitverlauf betrachtet werden. Folgende Themen waren Gegenstand der Untersuchungen: die Flexibilisierung der Arbeitsstrukturen, die Weiterentwicklung der Unternehmenskultur, die Vorbereitung der Mitarbeiter auf die digitale Transformation, die Mitarbeiterbindung, die Förderung der eigenen Beschäftigungsfähigkeit und der Ausbau der Führung. Die Bewertung der Topthemen hängt von unterschiedlichen Faktoren ab. Neben Land und Unternehmensgröße spielten die Sektoren und bewertende Personen (Position im Unternehmen) eine bedeutende Rolle. Um den Rahmen dieser Arbeit nicht zu sprengen, werden nur die für diese Arbeit relevanten Ergebnisse dargestellt.

Die Ergebnisse von Deutschland zeigen, dass die Flexibilisierung der Arbeitsstrukturen (39%) das wichtigste Thema ist. 34% der Befragten bewerten die Vorbereitung der Mitarbeiter auf die digitale Transformation als besonders relevant und 32% die Weiterentwicklung der Unternehmenskultur. Daneben ist die Bewertung abhängig von der Unternehmensgröße. Während die kleinen und mittleren Unternehmen die Weiterentwicklung der Unternehmenskultur als am wichtigsten erachten, empfinden die Großunternehmen im Durchschnitt die Flexibilisierung der Arbeitsstrukturen als bedeutendstes Thema. Letzteres wird von kleinen und mittleren Unternehmen auf den dritten Platz gewählt (vgl. ebd., S. 11). Die Bewertung hängt auch von den einzelnen Sektoren ab. Die Hälfte der Befragten des öffentlichen Sektors bewertet die Förderung der Beschäftigungsfähigkeit der Mitarbeiter als am wichtigsten. Der Industriesektor hat hingegen ganz andere Prioritäten gesetzt. An erster Stelle werden die Flexibilisierung der Arbeitsstrukturen (35%) und der Ausbau des Talent Managements (35%) genannt. Platz zwei erhielt die Weiterentwicklung der Unternehmenskultur (34%), gefolgt von der Mitarbeiterbindung (33%). Auch die Dienstleistungsunternehmen schreiben der Flexibilisierung der Arbeitsstrukturen (39%) den ersten Rang zu. Darauf folgen die Vorbereitung der Mitarbeiter auf die digitale Transformation (38%) und die Weiterentwicklung der Unternehmenskultur (38%). Den dritten Platz erhielt die Förderung der Beschäftigungsfähigkeit (33%). Obwohl insbesondere der Industriesektor eine hohe Affinität zur Industrie 4.0 aufweist, legt er im Vergleich zu den anderen Sektoren nur mit 27% Wert auf die Vorbereitung der Mitarbeiter auf die digitale Transformation (vgl. ebd., S. 10 f.). Erklärungsansätze werden nicht genannt.

Der letzte Vergleich nahm die Position der Befragten in den Blick. Auch hier gab es positionsabhängige Unterschiede. Für die Führungskräfte ist der Ausbau der Führung (42%) am wichtigsten, der Geschäftsführung hingegen die Weiterentwicklung der Unternehmenskultur (47%). Die Führungskräfte aus den Fachabteilungen räumen der Flexibilisierung der Arbeitsstrukturen (37%) die höchste Bedeutung ein. Die letzte Gruppe der Befragten sind die Mitarbeiter ohne Führungsverantwortung. Diese legen die größte Priorität auf die Flexibilisierung der Arbeitsstrukturen (40%). Es ergeben sich also deutliche Unterschiede, die sektoren-, unternehmensgrößen- und positionsabhängig sind (vgl. ebd., S. 11). Grund dafür ist vermutlich der egozentrische Blickwinkel der Personen. Deshalb kann an dieser Stelle kritisch angemerkt werden, dass Experteneinschätzungen nicht zwangsläufig die Realität repräsentieren.

Aus den Ergebnissen lässt sich eine Tendenz zu folgenden Themen ablesen: zur Flexibilisierung der Arbeitsstrukturen, zur Weiterentwicklung der Unternehmenskultur und zur Vorbereitung der Mitarbeiter auf die digitale Transformation (vgl. ebd., S. 8 ff.).

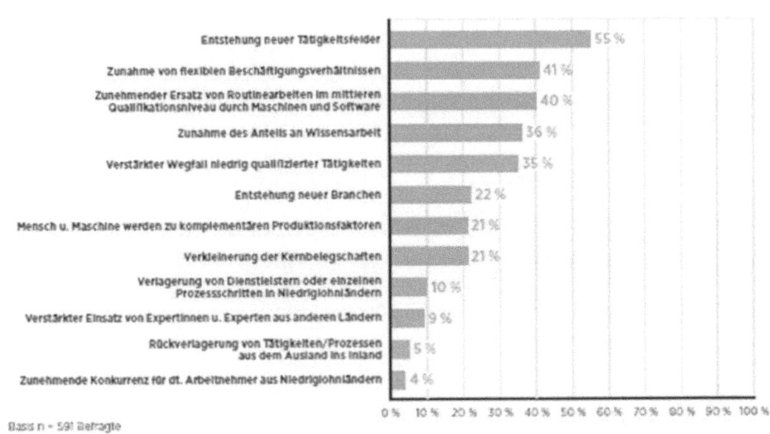

Abbildung 8: Beschäftigungseffekte aufgrund digitaler Transformation
(Eilers u.a. 2017, S. 13)

Vor allem wird die Vorbereitung auf die digitale Transformation einen Wandel in den Kompetenzanforderungen nach sich ziehen. Wie intensiv dieser Wandel sein wird, hängt von der Tätigkeit ab. Welche weiteren Effekte die digitale Transformation auf die Beschäftigung haben könnte, wurde in Abbildung 8 dargestellt. Vor allem die Entstehung von neuen Tätigkeitsfeldern (55%), der Ersatz menschlicher Tätigkeit bei Routinearbeiten durch Maschinen (40%) und der Wegfall von niedrig qualifizierten Tätigkeiten (35%) fallen auf (vgl. ebd., S. 13). Der erste Aspekt, *die*

Entstehung von neuen Tätigkeitsfeldern, untermauert die Annahme, dass neue Kompetenzanforderungen zu erwarten sind.

Neben den Beschäftigungseffekten wurde eine Umfrage zu erwarteten Kompetenzanforderungen durchgeführt. Die Kompetenzen wurden in Hard-Skills und Soft-Skills unterteilt. Zu den Hard-Skills gehören fachspezifische Kompetenzen wie IT- und Medienkompetenz. Es wurde schon erwähnt, dass Fachkompetenzen abhängig vom Beruf sind, deshalb werden diese nicht näher betrachtet. Es reicht aus, zu wissen, dass für fast 100% der Befragten die Medienkompetenz, IT-Grundkompetenz und die Fachkenntnisse von hoher Bedeutung sind (vgl. ebd.).

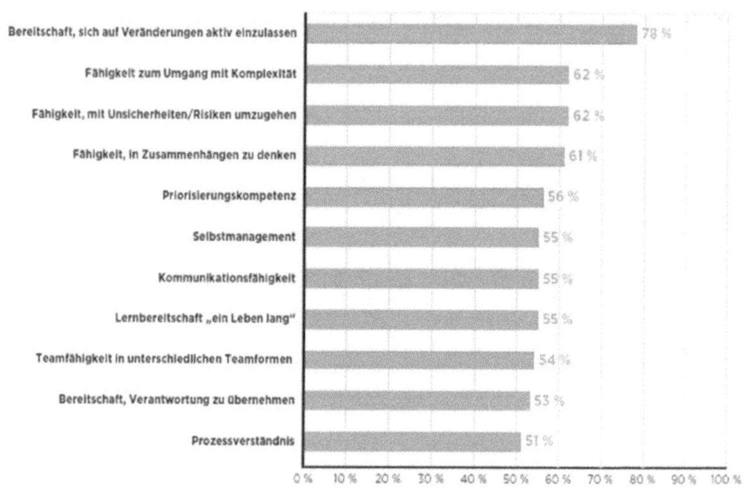

Abbildung 9: Kompetenzen mit sehr hohem Handlungsbedarf
(Eilers u.a. 2017, S. 16)

Zu den Soft-Skills gehören die fachübergreifenden Kompetenzen, deshalb werden diese näher betrachtet. Im Gegensatz zu den Hard-Skills wurden die Soft-Skills nicht von fast allen Befragten als wichtig eingeschätzt. Dennoch sprachen mehr als 50% den Soft-Skills eine hohe Bedeutung zu. Abbildung 9 zeigt die Soft-Skills, bei denen ein großer Optimierungsbedarf gesehen wird. *Die Bereitschaft, sich auf Veränderungen aktiv einzulassen*, wird dabei als wichtigste Kompetenz betrachtet (vgl. ebd., S. 16). Alle anderen Skills werden im Folgenden den Kategorien soziale bzw. personale Kompetenz auf Basis der in Kapitel 2 dargestellten Theorien zugeordnet.

5.2.3 Analyse der personalen Kompetenz

Bei den personalen Kompetenzen können folgende Fähigkeiten identifiziert werden: *in Zusammenhängen denken* (Metakognition), *Priorisierungskompetenz* (Metakognition), das Selbstmanagement (Selbstständigkeit), *Lernbereitschaft* und *Verantwortungsübernahme*. Allerdings ist die Zuordnung der Items schwieriger als bei der sozialen Kompetenz. Bei der personalen Kompetenz wurden viele Items sinngemäß zugeordnet. Die Ergebnisse zeigen außerdem, dass personale Kompetenzen im Vergleich zu fachlichen Kompetenzen von fast der Hälfte als nicht bedeutsam eingeschätzt wurden.

5.2.4 Analyse der sozialen Kompetenz

Auf Basis der Theorien konnten folgende Items der sozialen Kompetenz zugeordnet werden: die Kommunikationsfähigkeit, die Teamfähigkeit, die Bereitschaft, sich auf Veränderungen einzulassen (Handlungsflexibilität), die Fähigkeit zum Umgang mit Komplexität (Handlungsflexibilität). Dieses Bild zeigt, dass eine Erwartung hinsichtlich sozialer Kompetenzen trotz des digitalen Wandels besteht. Daneben gilt hier dasselbe wie bei der personalen Kompetenz: Etwa die Hälfte der Befragten sieht keinen sehr hohen Handlungsbedarf bei diesen Kompetenzen.

5.2.5 Reflexion

Bei kritischer Betrachtung der Studie fallen vor allem zwei Aspekte auf: Erstens ist die Stichprobengröße mit knapp 600 Befragten sehr groß, was auf aussagekräftige Ergebnisse schließen lässt. Wird allerdings beachtet, dass die Probanden in drei unterschiedlichen Ländern beschäftigt und die Länder ungleich repräsentiert sind, kann aufgrund der unterschiedlichen Arbeitsmarktlage in diesen Ländern die Aussagekraft der Studie hinterfragt werden. Zwar werden die Ergebnisse teilweise länderspezifisch dargestellt, damit geht aber auch einher, dass sich die Stichprobenzahl für Deutschland um 34% vermindert. Durch den Einbezug mehrerer Sektoren und Personen aus Unternehmen mit unterschiedlichem Status kann eine, wenn auch nicht hohe Zunahme der Repräsentativität für Deutschland angenommen werden. Der zweite auffällige Aspekt ist die Beschreibung der Umfrage. Es wird nur erwähnt, dass es sich um eine Online-Umfrage handelt. Wie und wo die Umfrage verbreitet wurde, ist unklar. Ob die Probanden bewusst oder zufällig ausgewählt wurden, wird somit nicht deutlich. Ein weiterer wesentlicher Punkt sind die zuvor festgelegten Items des Fragebogens. Durch diese Festlegung wurde kein Raum zur Nennung von weiteren Kompetenzen gegeben.

Festzuhalten ist, dass diese Studie aus den genannten Gründen eher unbefriedigend ist, aber dennoch Einblicke in erwartete Tendenzen infolge des digitalen Wandels bietet.

5.3 Konsequenzen aus den bisherigen Ergebnissen

Bei Betrachtung der Gesamtergebnisse beider Studien wird vor allem deutlich, dass insbesondere fachliche Kompetenzen gefragt sind. In Bezug auf die personale und soziale Kompetenz scheint ein Dissens zu herrschen. Während in der Studie von acatech u.a. (2016) kaum von personalen und sozialen Kompetenzen gesprochen wird, erwähnt der HR-Report personale und soziale Kompetenzen deutlich öfter. Um die Ergebnisse der Studien zu überprüfen bzw. um die tatsächliche Nachfrage nach Kompetenzen zu ermitteln, erfolgt eine Analyse von Stellenanzeigen. Es wird dabei angenommen, dass die Unternehmen den Wandel aufgrund der Industrie 4.0 bei der Erstellung der Stellenanzeigen berücksichtigt haben.

6 Empirische Analyse

Die Studien verdeutlichten, dass ein Wandel der Qualifikations- und Kompetenzanforderungen bevorsteht. Um die Aussagen der Studien bezüglich der Kompetenzbedarfe zu überprüfen, erfolgt ein Vergleich mit einigen Stellenanzeigen. Dazu werden zwei Industrie-affine Berufe betrachtet: der/die Elektroniker/in für Automatisierungstechnik und der/die Mechatroniker/in. Diese wurden auf Basis der Studie von Spöttl (2016) ausgewählt. Im Anschluss wird die Auswahl der Stellenanzeigen dargestellt. Dies soll dem Leser eine kritische Betrachtung des Vorgangs gewährleisten. Um die Stellenanzeigen aufzuarbeiten, wurde die qualitative Inhaltsanalyse herangezogen. Nachdem diese in Kapitel 6.3 ausführlich erläutert wird, wird das Kategoriensystem, das zur Analyse verwendet wird, dargestellt. Zum Schluss wird erläutert, wie die Stellenanzeigen ausgewertet wurden.

6.1 Berufswahl

Die Auswahl der Berufe für die Stellenanzeigen basiert auf den Studienergebnissen von Spöttl (2016). In einer Deckungsanalyse zeigt Spöttl, „ob und wie intensiv einzelne Berufsbilder unterhalb der akademischen Ebene von der Diffusion von Industrie 4.0 [...] betroffen sind und zukünftig vermehrt betroffen sein werden." (S. 125). Dazu wurde ein systematischer Abgleich zwischen den Ausbildungsinhalten und Kompetenzen sowie den Inhalten und erforderlichen Kompetenzen der zuvor identifizierten generischen Handlungsfelder durchgeführt. Ziel war, zu bestimmen, ob die ausgewählten Berufe zukünftig ihre Struktur und ihre Inhalte behalten oder aufgrund der Industrie 4.0 verändert werden müssen bzw. neue Berufe entstehen (vgl. ebd.). Grundlage dieser Deckungsanalyse waren zuvor erarbeitete Handlungsfelder, die mit den Ordnungsmitteln der Metall- und Elektroberufe verglichen wurden. In der Studie kamen verschiedene Methoden zum Einsatz. Im Folgenden werden nur die Ergebnisse, die für die Berufswahl von Bedeutung sind, dargestellt.

6.1.1 Ergebnisse

Es wurden vier Szenarien für Berufe in der Industrie 4.0 aus empirischen Erhebungen abgeleitet. Für eine Bewertung der Szenarien wurde ein Experten-Workshop durchgeführt. Die Experten waren in verschiedenen Disziplinen (Berufsbildung, Wissenschaft und Wirtschaft) tätig, wodurch eine mehrperspektivische Betrachtung ermöglicht wurde (vgl. Spöttl 2016, S. 118). Nachdem mögliche Berufsszenarien mit ihren Vor- und Nachteilen vorgestellt wurden, bewerteten die Experten die verschiedenen Szenarien. Tabelle 3 stellt die Ergebnisse der Expertenbewertungen zusammen.

Es lässt sich eindeutig erkennen, dass die Mehrheit für Szenario 2 stimmte. Szenario 4 hingegen wurde nur eine geringe Bedeutung beigemessen. Szenario 1 und 3 haben etwa gleich viele Stimmen. Entsprechend der hohen Bewertung von Szenario 2 geht der Großteil der Experten von einer Veränderung der folgenden Berufe und Berufsbereiche aus: Elektroniker für Automatisierungstechnik, Mechatroniker, Industriemechaniker, IT-Berufe, Fachinformatiker, Elektrotechnik, Zerspanungsmechaniker, Produktionstechnologe, alle Metall- und Elektroberufe, Instandhalter, Generalist und Elektroniker für Betriebstechnik. Das Veränderungspotenzial von vier dieser Berufe wurde in Szenario 1 von fünf Personen abgelehnt. Zu diesen Berufen gehören: Elektroniker für Automatisierungstechnik, Mechatroniker, Industriemechaniker und Elektroniker für Betriebstechnik (vgl. Tabelle 3).

Nach der Abstimmung wurde eine Diskussion eingeleitet. Dabei ging es um die Hintergründe für die Einschätzung. Ausgangspunkt für die Bewertung des Szenarios 1 war die Vermutung, dass die „Offenheit der Berufe und der Möglichkeit mit Einsatzgebieten zu arbeiten, ausreichend Flexibilität gibt, um die Berufe ohne neues Ordnungsverfahren zu modifizieren." (Spöttl 2016, S. 121) Auch die Befürchtungen vor einem langen Ordnungsverfahren haben zu dieser Bewertung geführt. Bei der Diskussion zu Szenario 2 wurden folgende Schwerpunkte deutlich:

> „– Es kommt darauf an, etablierte Berufe mit Schwerpunkten zur Instandhaltung auszustatten, die auf Industrie 4.0-Anlagen zielen.
>
> – Alle Metall- und Elektroberufe sollen mit IT Schwerpunkten ausgestattet werden.
>
> – Alle Metall- und Elektroberufe sollen durch Schwerpunkte ergänzt werden, die für Industrie 4.0 von Bedeutung sind.
>
> – Es sollte kurzfristig mit Zusatzqualifikationen gearbeitet und auch die Offenheit der Berufe genutzt werden." (ebd., S. 121)

Zum dritten Szenario gab es einige Bedenken. Dieses Szenario könne zu Berufsbildern führen, die von Betrieben, Ausbildern und Auszubildenden nicht mehr bewältigt werden können. Ein weiterer Schwerpunkt in dieser Diskussion war die zunehmende Aufgabenbreite der Fachkräfte aus der Produktion, welche ein Problem für die Ausbildung darstelle. Die Komplexität könne nicht mehr in der Ausbildung bewältigt werden (vgl. ebd.).

Szenarien	Stimmenverteilung (Je Teilnehmer eine Stimme)	Hinweise
Szenario 1 (keine Veränderung von Berufsbildern)	5 (2 mal Doppelung mit 2)	Geeignete Berufe (Einzelnennungen) Elektroniker/-in für Betriebstechnik, Mechatroniker/-in, Elektroniker/-in für Automatisierungstechnik, Industriemechaniker/-in, Fachkraft für Lagerlogistik, „IT-Elektroniker/-in".
Szenario 2 (Berufsbilder anpassen / ändern)	12 (2 mal Doppelung mit 1; 2 mal Doppelung mit 3)	Modifikationen folgender einzelner Berufe Elektroniker/-in Automatisierungstechnik, Mechatroniker/-in, Industriemechaniker/-in, IT-Berufe, Fachinformatiker/-in und Elektrotechnik, (für virtuelle Inbetriebnahme), Zerspanungsmechaniker/-in, Produktionstechnologe/-in, alle M+E Berufe, Instandhalter/-in, Mechatroniker/-n (Vertiefung Steuerungstechnik). Generalist/-in, Aktualisierung des/der Elektronikers/in für Betriebstechnik.
Szenario 3 (Kombination von Berufen – Hybrid)	4 (3 mal Doppelung mit 2; 1 mal Doppelung mit 4)	Gefahr der Überfrachtung, Informatik & Elektrik ausbauen und virtuelle Inbetriebnahme beachten, Instandhalter/-in, Generalist/-in, Prozessinstandhalter/-in (Mechatronik, IT, EAT, plus 4.0 Qualis), Elektroniker/-in für Betriebstechnik, FISI-Industrie, Hybridisierung über Berufsfelder hinweg.
Szenario 4 (Berufsbild Industrie 4.0)	2 (1 mal Doppelung mit 3)	Nicht unterstützt

Tabelle 3: Expertenbewertungen
Quelle: Spöttl 2016, S. 120

Zusammenfassend lässt sich sagen, dass die Ergebnisse dieser Studie zwar Veränderungen auf der Shop-Floor-Ebene prognostizieren, aber nicht spezifisch und eindeutig genug sind, um klare Aussagen zu möglichen neuen Berufsbildern treffen zu können. Die Ergebnisse zeigen außerdem, dass viele unterschiedliche Berufe von Veränderungen betroffen sein werden. Um an dieser Stelle deutlichere Aussagen ableiten zu können, wurden alle Metall- und Elektroberufe und zwei IT-Berufe aufgegriffen. Anschließend wurde mit Hilfe einer Deckungsanalyse ein Abgleich mit den Entwicklungen der Industrie 4.0 durchgeführt. Die Auswahl der Berufe basiert auf der Häufigkeit der Nennung. Um zu klären, ob die Berufsbilder von der der

Industrie 4.0 betroffen sind oder sein werden, wurden Handlungsfelder definiert, die wiederum mit den Ordnungsmitteln der Metall- und Elektroberufe abgeglichen wurden (vgl. Spöttl 2016, S. 125). Ergebnis war, dass sich die Aufgaben der Fachkräfte verändern werden. Es wurden außerdem neun generische berufliche Handlungsfelder abgeleitet. Unter einem generischen Handlungsfeld sind neue Anforderungen und Aufgaben zu verstehen, die für das Industrie-4.0-Umfeld typisch sind (vgl. ebd., S. 127). Bei der Deckungsanalyse erfolgte eine Bewertung von ausgewählten Berufen. Das Ergebnis der Deckungsanalyse zeigt Tabelle 4.

Für die Bewertung waren drei Möglichkeiten gegeben. Jede dieser Bewertungen bezog sich auf den Veränderungsgrad in den beruflichen Handlungsfeldern der Industrie 4.0. Die verwendeten Symbole haben folgende Bedeutung:

– = die Veränderungen beeinflussen die Berufsbildposition nicht (0 Punkte)

✓ = die Veränderungen durch die Berufsbildposition sind hinreichend berücksichtigt (1 Punkt)

ʔ = die Veränderungen können durch eine Modifikation des Ausbildungsinhaltes aufgefangen werden (0,5 Punkte) (vgl. Spöttl 2016, S. 134 ff.).

Tabelle 4 zeigt, dass der Mechatroniker (6) und der Elektroniker für Automatisierungstechnik (7,5) die höchste gewichtete Punktzahl erreichen. Damit erwarten die Experten für diese zwei Berufe in der Gesamteinschätzung neue Anforderungen und Aufgaben, die für Industrie 4.0 typisch sind. Somit besteht eine hohe Affinität der Berufe zur Industrie 4.0. Dieser Aspekt reicht zur Begründung der Auswahl dieser Berufe aus.

M+E Berufe \ Generisches Handlungsfeld	Anlagenplanung	Anlagenaufbau	Anlageneinrichtung und Inbetriebnahme	Anlagenüberwachung	Prozessmanagement	Datenmanagement	Instandhaltung	Instandsetzung	Störungssuche und Störungsbehebung	Gesamtpunktzahl (max. 9)	Gewichtete Gesamtpunktzahl
Anlagenmechaniker/-in	–	–	~	~	~	~	–	–	–	2	1,0
Industriemechaniker/-in	✓	✓	✓	~	~	~	✓	✓	✓	7,5	5,5
Konstruktionsmechaniker/-in	–	–	–	–	–	–	–	–	–	0	0
Werkzeugmechaniker/-in	–	–	–	~	~	~	✓	–	–	2,5	2
Zerspanungsmechaniker/-in	–	–	–	✓	~	✓	–	–	✓	3,5	3,5
Fertigungsmechaniker/-in	–	–	~	~	–	–	–	–	–	1	1
Fachkraft für Metalltechnik	–	–	–	–	–	–	–	–	–	0	0
Maschinen- und Anlagenführer/-in	–	–	–	–	–	–	–	–	–	0	0
Mechatroniker/-in	~	✓	✓	~	~	~	~	–	✓	5,5	6
Produktionstechnologe/-in	–	–	–	–	~	–	–	–	–	0,5	2
Technische/r Produktdesigner/in	~	–	–	–	–	–	–	–	–	0,5	0,5
Technische/r Systemplaner/in	–	–	–	–	–	–	–	–	–	0	0
Industrieelektriker/-in	–	–	–	–	–	–	–	–	–	0	0
Elektroniker/-in für Maschinen- und Antriebstechnik	–	–	–	–	–	–	–	–	–	0	0
Elektroniker/-in für Gebäude und Infrastruktur	–	–	–	–	–	–	–	–	–	0	0
Elektroniker/-in für Betriebstechnik	~	~	✓	✓	~	✓	–	–	✓	4,5	5
Elektroniker/-in für Automatisierungstechnik	✓	✓	✓	~	✓	✓	~	~	✓	7,5	7,5
Elektroniker/-in für Geräte und Systeme	~	~	✓	~	~	–	~	~	✓	5	3,5
Elektroniker/-in für Informations- und Systemtechnik	~	~	~	~	~	~	~	–	~	4	4
IT-Systemelektroniker/-in	~	✓	~	–	–	~	~	–	~	3,5	4
Fachinformatiker/-in	✓	~	✓	–	~	~	–	–	✓	5	5,5

Tabelle 4: Ergebnisse der Deckungsanalyse
Quelle: Spöttl 2016, S. 141 f. (rote Markierung vom Verfasser)

6.1.2 Reflexion

Die Arbeit von Spöttl ist sehr umfangreich und berücksichtigt viele Facetten. Auch die mehrstufige und mehrperspektivische Methode ist ein Vorteil. Allerdings fällt bei der Ergebnisanalyse auf, dass nicht bei jeder Fragestellung alle Stufen und Perspektiven präsentiert werden. Dieses Vorgehen wird nicht begründet. Außerdem wird nicht deutlich, ob die Frage/das Thema mit jeder Methode untersucht wurden. Dies stellt eine besonders große Lücke dar. Außerdem ist wenig Struktur in der Ergebnispräsentation festzustellen. Auch die Auswahl der Unternehmen ist nicht zufriedenstellend, da sie in enger Zusammenarbeit mit dem Auftraggeber geschah und damit nicht übertragbar ist. Die Interviews wurden nur mit 15 Experten/Expertengruppen durchgeführt. Damit sind die Ergebnisse der Experten nicht repräsentativ. Bei den Expertengesprächen wiederum waren 16 Unternehmen/42 Experten beteiligt, welches eine zufriedenstellende Anzahl ist. Allerdings wird das Auswahlverfahren der Experten nicht deutlich. Es wird nur angemerkt, es handele sich um „Schlüsselpersonen, die über ein hohes Kompetenz- und Erfahrungsniveau bezüglich der Umsetzung von Industrie 4.0 im Bereich der M+E[11]-Industrie verfügten." (Spöttl 2016, S. 23) Die Fallstudien wurden in ausgewählten Unternehmen durchgeführt. Im Mittelpunkt stand die Metall- und Elektroindustrie. Das nicht randomisierte Verfahren erschwert eine Generalisierung der Ergebnisse. Die Befragung verschiedener Zielgruppen in den Unternehmen ermöglicht eine mehrperspektivische Betrachtung. Die leitfadengestützten Interviews hingegen schränken die Antwortmöglichkeiten der Befragten sehr ein. Die drei Experten-Workshops hatten einen je unterschiedlichen Fokus, was einen Vergleich untereinander erschwert. Die begrenzte Anzahl von Fallstudien (29 Personen aus sechs Unternehmen) ermöglicht „kein flächendeckendes Bild über die Umsetzung von Industrie 4.0 und deren Konsequenzen für die Aus- und Weiterbildung [...]." (ebd., S. 24) Dennoch erlaubt die Vielfalt der Erhebungen eine Identifikation von Entwicklungsrichtungen und eine verhältnismäßig zuverlässige Beschreibung (vgl. ebd.).

6.2 Auswahl der Stellenanzeigen

Bei der Auswahl der Stellenanzeigen wurde ein Zufallsverfahren eingesetzt. Dabei wurde im ersten Schritt im Internet nach dem Begriff *stellenbörse* auf google.de gesucht. Die ersten zwei Stellenbörsen des Suchergebnisses wurden zur spezifischen

---

[11] M + E ist eine Abkürzung für Metall und Elektro. Da es nur in diesem Zitat verwendet wurde, wird es nicht im Abkürzungsverzeichnis aufgeführt.

Suche der Berufe eingesetzt. Diese Websites waren *StepStone.de* und *monster.de.* Auf jeder dieser Seiten wurde beim Suchbegriff als Erstes *Elektroniker/in Automatisierungstechnik* und anschließend *Mechatroniker/in* eingegeben. Verwendet wurden die ersten fünf Ergebnisse auf jeder Website, um die Objektivität zu gewährleisten. Da die Stellenbörsen oft dieselben Stellenanzeigen ausgaben und eine Vermeidung von Doppelungen gewünscht war, wurde zu drei Zeitpunkten erhoben. Die erste Erhebung fand am 07.06.2018 statt, die zweite am 25.06.2018 und die dritte am 04.07.2018.

Die meisten Stellenanzeigen weisen denselben Aufbau auf. Zu Beginn wird kurz das Unternehmen vorgestellt. Anschließend folgt die Bezeichnung der Stelle, die zu besetzen ist. Daraufhin finden sich vier weitere Teile: die Stellenbeschreibung mit den Aufgaben, das persönliche Profil, über das der Bewerber idealerweise verfügen sollte, und Vorteile, die das Unternehmen auszeichnet, um den Bewerber für sich zu gewinnen. Diese drei Teile erschienen teilweise in einer anderen Reihenfolge. Manchmal wurden sie auch zu zwei Teilen zusammengefasst. Der letzte Teil enthält Informationen über Ansprechpartner und die Art der Bewerbung. Analysiert wurden nur die Teile, die sich auf die Qualifikationen und/oder Kompetenzen des Stellensuchers bezogen. Konkret bedeutet dies, dass die Aufgaben und das persönliche Profil des Bewerbers betrachtet wurden.

6.3 Qualitative Inhaltsanalyse

Die Inhaltsanalyse wurde Anfang des 20. Jahrhunderts zur Analyse von Massenmedien entwickelt. Sie gilt primär als kommunikationswissenschaftliche Technik, die zur systematischen Auswertung von Massenmedien eingesetzt wurde (vgl. Mayring 2016, S. 114). Bei dem Versuch, eine Definition zu bestimmen, tauchen Schwierigkeiten auf. Unpräzise Begriffsbestimmungen bezeichnen die Inhaltsanalyse als „Analyse von Kommunikations-Inhalten." (Mollenhauer & Rittelmeyer 1977, S. 185) Bei genauer Betrachtung beschäftigt sich die Inhaltsanalyse nicht nur mit dem Inhalt von Kommunikation, sondern auch mit formalen Aspekten. Darunter fallen Dinge wie Wortwiederholungen, Satzkorrekturen und unvollständige Sätze. Darüber hinaus hängt die Definition größtenteils von der Disziplin des jeweiligen Autors ab. Die Erläuterungen sind meist sehr spezifisch auf das Arbeitsgebiet und auf das Ziel des Forschers zugeschnitten. Mayring hat auf Basis von verschiedenen Definitionen die Besonderheiten der sozialwissenschaftlichen Inhaltsanalyse herausgearbeitet. Dabei hat er sechs wichtige Aspekte bestimmt. Nach Mayring will die Inhaltsanalyse Kommunikation, auch fixierte Kommunikation, systematisch, regel-

und theoriegeleitet analysieren (vgl. Mayring 2015, S. 11 ff.). Das Ziel ist, *„Rückschlüsse auf bestimmte Aspekte der Kommunikation* zu ziehen." (Mayring 2015, S. 13, kursiv im Original)

Allerdings wurde bei der Inhaltsanalyse zu Beginn meist quantitativ gearbeitet. Diese Arbeitsweise hatte gewisse Nachteile. Zum einen konnte der Kontext des Analysierten nicht einbezogen werden und zum anderen fanden Einzelfälle keine Berücksichtigung. Auch latente Sinnstrukturen sowie texttranszendente Teile konnten wenig beachtet werden. Deshalb wurden die Forderungen nach qualitativen Inhaltsanalysen immer lauter (vgl. Mayring 2016, S. 114). „Der Ansatzpunkt der qualitativen Inhaltsanalyse ist nun, die Vorteile dieser systematischen Technik zu nutzen, ohne in vorschnelle Quantifizierungen abzurutschen." (Mayring 2016, S. 114) Allerdings wird immer öfter angedeutet, „dass eine Dichotomisierung qualitativer versus quantitativer Forschungsmethoden unbegründet und nicht ziehlführend sei [...]." (Mayring 2015, S. 17) Deshalb wird inzwischen zunehmend von einer qualitativ-orientierten Inhaltsanalyse gesprochen. Es geht also darum, „die Stärken der quantitativen Inhaltsanalyse beizubehalten und auf ihrem Hintergrund Verfahren systematischer qualitativ orientierter Textanalyse zu entwickeln." (Mayring 2015, S. 50) Das Zentrum der Forschung bildet ein Kategoriensystem, das theoriegeleitet entwickelt wird. Verwendet wird das Kategoriensystem, um den Gegenstand des Interesses aus dem vorliegenden Material herauszufiltern. Diese Vorgehensweise unterscheidet die Inhaltsanalyse von anderen interpretativ, hermeneutisch orientierten Verfahren (vgl. Mayring 2016, S. 114).

6.3.1 Grundformen der qualitativen Inhaltsanalyse

Die qualitative Inhaltsanalyse hat drei Grundformen: die Zusammenfassung, die Explikation und die Strukturierung. Bei der Zusammenfassung geht es um die Reduzierung des Materials, um ein überschaubares Corpus mit den wesentlichen Inhalten bereitzustellen. Die Explikation hingegen zieht weiteres Material, das das Verständnis von bestimmten Textteilen erweitern soll, hinzu. Begriffe, Sätze o.Ä., die nicht ohne weitere Informationen verstanden werden, können somit erläutert und besser interpretiert werden. Die dritte Grundform ist die Strukturierung. Anders als bei den anderen zwei Formen geht es hier weder um eine Reduzierung noch um eine Erweiterung (vgl. Mayring 2015, S. 65 ff.).

> „Ziel der Analyse ist es, bestimmte Aspekte aus dem Material herauszufiltern, unter vorher festgelegten Ordnungskriterien einen Querschnitt durch das Material zu legen oder das Material aufgrund bestimmter Kriterien einzuschätzen." (Mayring 2015, S. 67)

Die Strukturierung erfolgt also u.a. bei klaren Vorstellungen über das zu extrahierende Material. Da das Ziel dieser Arbeit schon festgelegt ist und somit auch das zu extrahierende Material, eignet sich die Strukturierung am besten. Zwar wird an manchen Stellen weiteres Material (Wörterbuch) zum besseren Verständnis von Begriffen verwendet, womit der Weg in Richtung Explikation eingeschlagen wird, aber da dies nur stellenweise erfolgt, kann dieser Aspekt vernachlässigt werden.

Auch bei der Strukturierung gibt es Unterkategorien: die formale, inhaltliche, typisierende und skalierende Strukturierung (vgl. ebd., S. 99). Diese werden kurz beschrieben:

- Ziel der formalen Strukturierung ist es, bestimmte Strukturen aus dem Material herauszuarbeiten.

- Die inhaltliche Strukturierung hat die Aufgabe, vorher theoriegeleitet festgelegte Kategorien aus dem Material zu extrahieren und zusammenzufassen.

- Die typisierende Strukturierung wird herangezogen, um typische bzw. markante Merkmale o.Ä. im Material zu bestimmen und näher zu erläutern.

- Die skalierende Strukturierung wird zur Einschätzung des Materials auf einer Skala verwendet (vgl. ebd., S. 97 ff.).

Da es in dieser Arbeit nicht um Ränge geht, kann die skalierende Strukturierung direkt ausgeschlossen werden. Auch die Ziele der formalen und typisierenden Strukturierung decken sich nicht mit denen der vorliegenden Arbeit. Das Ziel der inhaltlichen Strukturierung entspricht hingegen dem Ziel dieser Arbeit. Deshalb wird die inhaltliche Strukturierung verwendet.

6.3.2 Inhaltliche Strukturierung

In dieser Form der Analyse geht es um das Herausfiltern und Zusammenfassen bestimmter Inhalte aus dem Material. Dazu muss als Erstes die Analyseeinheit bestimmt werden, um anschließend die Hauptkategorien und die Ausprägungen theoriegeleitet festzulegen und ein Kategoriensystem zu erstellen. Dieses beinhaltet zu jeder Kategorie die Definition, Ankerbeispiele und Kodierregeln. Im Anschluss findet der erste Materialdurchlauf statt. Dabei werden die Fundstellen bezeichnet.

Im zweiten Materialdurchlauf werden die Fundstellen extrahiert und bearbeitet. Bei Bedarf wird das Ganze überarbeitet und gegebenenfalls korrigiert. Die relevanten Inhalte aus dem Material werden paraphrasiert und in Unterkategorien eingeteilt. Die Unterkategorien werden wiederum zu Hauptkategorien zusammengefasst. Eine Übersicht über den Ablauf zeigt Abbildung 10:

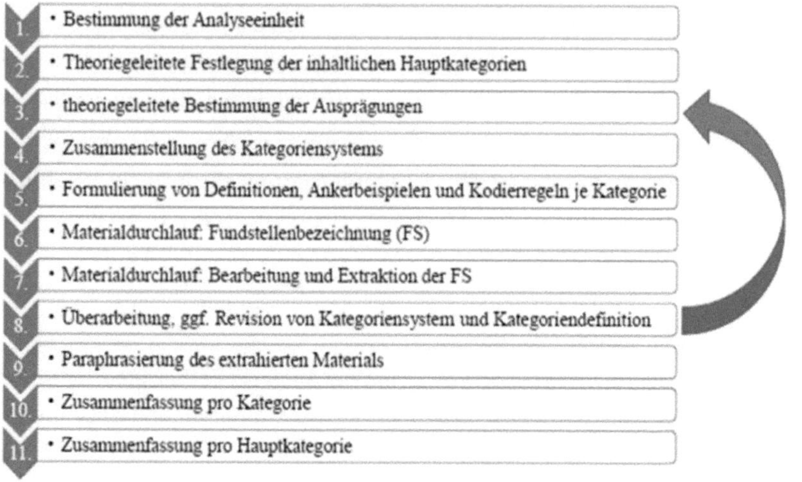

Abbildung 10: Vorgang der Erstellung eines Kategoriensystem
(eigene Darstellung in Anlehnung an Mayring 2015, S. 98 ff.)

In dieser Arbeit bilden die soziale Kompetenz und die personale Kompetenz die Hauptkategorien. Die Unterkategorien der sozialen Kompetenz wurden auf Grundlage von Kanning (2009) gebildet und durch Hintz (2018) ergänzt. Somit lauten die Unterkategorien der sozialen Kompetenz: perzeptiv-kognitiver Bereich, motivational-emotionaler Bereich und behavioraler Bereich. Um die Unterkategorien der personalen Kompetenz zu identifizieren, wurde mit Treutleins (2013) Unterteilung gearbeitet. Demnach kann die personale Kompetenz inhaltlich in die wahrnehmungs-, reflexions- und selbstregulationsbezogenen Bereiche untergliedert werden. Das durch diese Unterteilung entstandene Kategoriensystem wird im Folgenden dargestellt:

1 Hauptkategorie: Soziale Kompetenz

1.1 Unterkategorie	*Perzeptiv-kognitiver Bereich*
Definition	Diesem Bereich wird Folgendes zugeordnet: Selbstaufmerksamkeit, Personenwahrnehmung, Perspektivenübernahme, Kontrollüberzeugung, Entscheidungsfreudigkeit (vgl. Kanning 2009, S. 21: Abbildung 4)
Ankerbeispiel	keine Beispiele vorhanden
Kodierregel	Eine Zuordnung zu dieser Kategorie erfolgt bei einer wörtlichen oder sinngemäßen Nennung der Begriffe aus der Definition.

1.2 Unterkategorie	*Motivational-emotionaler Bereich*
Definition	Zu diesem Bereich gehören: Emotionale Stabilität, Prosozialität und Wertepluralismus (vgl. Kanning 2009, S. 21, Abbildung 4)
Ankerbeispiel	keine Beispiele vorhanden
Kodierregel	Eine Zuordnung zu dieser Kategorie erfolgt bei einer wörtlichen oder sinngemäßen Nennung der Begriffe aus der Definition.

1.3 Unterkategorie	*Behavioraler Bereich*
Definition	Dem behavioralen Bereich werden Verhaltensweisen wie: Extraversion, Durchsetzungsfähigkeit, Handlungsflexibilität, Kommunikationsstil, Konfliktverhalten und Selbststeuerung (vgl. Kanning 2009, S. 21, Abbildung 4) sowie Kommunikationsfähigkeit und Teamfähigkeit (vgl. Hintz 2018, S. 14) zugeordnet.
Ankerbeispiel	„sicheres und freundliches Auftreten" (Anhang 60), „gute Umgangsformen" (Anhang 13), „Engagement" (Anhang 7)
Kodierregel	Eine Zuordnung zu dieser Kategorie erfolgt bei einer wörtlichen oder sinngemäßen Nennung der Begriffe aus der Definition.

Abbildung 11: Kategoriensystem: 1. Hauptkategorie Soziale Kompetenz mit ihren Unterkategorien: perzeptiv-kognitiver Bereich, motivational-emotionaler Bereich und behavioraler Bereich
(eigene Darstellung)

2 Hauptkategorie: Personale Kompetenz

2.1 Unterkategorie	***Wahrnehmungsbezogener Bereich***
Definition	Fähigkeiten wie die Wahrnehmung von: Stärken und Schwächen, Interessen und Bedürfnissen, eigenen Emotionen, das Eingeständnis von Fehlern, Selbstwahrnehmung, Selbsterkenntnis, realistische Selbsteinschätzung, selbstbezogene Kritikfähigkeit (Grenzen, Potenziale usw. erkennen) und Wahrnehmung von Verhaltensmustern (vgl. Treutlein 2013, S. 337).
Ankerbeispiel	„Interesse an Maschinen und Produktionsanlagen" (Anhang 5) „gute Auffassungsgabe" (Anhang 7)
Kodierregel	Eine Zuordnung zu dieser Kategorie erfolgt bei einer wörtlichen oder sinngemäßen Nennung der Begriffe aus der Definition.
2.2 Unterkategorie	***Reflexionsbezogener Bereich***
Definition	Ist die Fähigkeit, über die zu Dimension 1 zugeordneten Dinge nachzudenken: Reflexionsfähigkeit, Pflichtbewusstsein, Metakognitionen, Entwicklung von Werten, Emotionen ansprechen/besprechen, Lernbereitschaft, Selbstentwicklung, Selbstvertrauen, Stolz, Fehler und Schwierigkeiten als Lernchance wahrnehmen (vgl. Treutlein 2013, S. 338).
Ankerbeispiel	„Wille zu stetiger Verbesserung" (Anhang 32)
Kodierregel	Eine Zuordnung zu dieser Kategorie erfolgt bei einer wörtlichen oder sinngemäßen Nennung der Begriffe aus der Definition.

Abbildung 12: Kategoriensystem: 2. Hauptkategorie Personale Kompetenz mit ihren ersten zwei Unterkategorien: wahrnehmungsbezogener und reflexionsbezogener Bereich (eigene Darstellung)

2.3 Unterkategorie	Selbstregulationsbezogener Bereich
Definition	Dazu gehören Fähigkeiten wie: Selbstständigkeit, Zuverlässigkeit, selbstreguliertes Lernen, konzentriertes Arbeiten, diszipliniertes Arbeiten, sorgfältiges Arbeiten, emotionale Stabilität, Stressresistenz/Stressbewältigung, volitionale Faktoren, Verantwortungsübernahme, Belastbarkeit, Kreativität und Ärgerbewältigung (vgl. Treutlein 2013, S.338).
Ankerbeispiel	„Sorgfalt und hohes Maß an Verantwortungsbewusstsein" (Anhang 36) „selbstständige Arbeitsweise" (Anhang 31)
Kodierregel	Eine Zuordnung zu dieser Kategorie erfolgt bei einer wörtlichen oder sinngemäßen Nennung der Begriffe aus der Definition.

Abbildung 13: Kategoriensystem: 2. Hauptkategorie Personale Kompetenz mit ihrer Unterkategorie: selbstregulationsbezogener Bereich
(eigene Darstellung)

Der 9. Schritt, die Paraphrasierung der extrahierten Inhalte, war in dieser Arbeit kaum notwendig, da die meisten Formulierungen der Stellenanzeigen sehr explizit formuliert waren. Allerdings war es nicht immer möglich, Begriffe zuzuordnen. Deshalb wurde ein Wörterbuch hinzugezogen. Wiederum andere Begriffe konnten sinngemäß zugeordnet werden. Einige Beispiele sind in Tabelle 5 dargestellt.

Um das Material aufzubereiten, erfolgte im Anschluss eine Häufigkeitsanalyse. Der Hintergrund und der Vorgang dieser Analyse werden im folgenden Kapitel erläutert.

Wort	Erläuterung	Bereich
Engagement	„engagieren [...] *(sich für etwas) einsetzen* [...]" (Wahrig 2001, S. 413) → Einsatzbereitschaft → Gleichsetzung von Engagement, Einsatzbereitschaft und Eigeninitiative	Behavioraler Bereich
Fleiß	*„tatkräftiges Streben nach einem Ziel"* (ebd., S. 483)	Selbstregulations-bezogener Bereich
freundliches Auftreten	Kommunikationsstil	Behavioraler Bereich
Genauigkeit	*„Gewissenhaftigkeit, Sorgfalt, Korrektheit, Exaktheit"* (ebd., S. 537)	Selbstregulations-bezogener Bereich
gute Umgangsformen	wie/als Kommunikationsstil	Behavioraler Bereich
Leistungs-bereitschaft	ähnlich wie Lernbereitschaft	Reflexionsbezogener Bereich
Motivation	Ein Motiv ist ein „[...] *Leitgedanke, Beweggrund, Antrieb;* [...]." (ebd. S.891)	Selbstregulations-bezogener Bereich
Wille zur Verbesserung	sinngemäß Lernbereitschaft	Reflexionsbezogener Bereich

Tabelle 5: Zuordnung von Begriffen zu den Unterkategorien der sozialen und personalen Kompetenz

Quelle: eigene Darstellung

6.4 Häufigkeitsanalyse

Die schrittweise Analyse des Materials und die damit verbundene methodisch kontrollierte Vorgehensweise sind zwei der Vorteile der qualitativen Inhaltsanalyse (vgl. Mayring 2016, S. 114). Ein weiterer Vorteil besteht in dem regel- und theoriegeleiteten Vorgehen, welches Rückschlüsse auf den Forschungsprozess und die damit verbundenen Fehler erlaubt. Wie bereits erwähnt, wird inzwischen mehr von qualitativ orientierter Inhaltsanalyse gesprochen als von qualitativer Inhaltsanalyse (vgl. Mayring 2015, S. 17), da viele Methoden sowohl qualitative als auch quantitative Analyseschritte beinhalten. Deshalb ordnen Hussy, Schreier und Echterhoff (2010) die qualitative Inhaltsanalyse den Mixed-Method-Ansätzen zu. Dies bedeutet, dass eine qualitative Inhaltsanalyse keine quantitativen Schritte aufweisen muss, aber durchaus kann (vgl. Mayring 2015, S. 17). Auch in dieser Arbeit werden quantitative Bestandteile eingebaut. Diese bauen auf den oben dargestellten qualitativen Schritten auf. Nachdem das Material zu den Hauptkategorien zusammengefasst wurde, erfolgt anhand des Materials eine Häufigkeitsanalyse. Diese soll Aussagen über die Menge an sozialen und personalen Kompetenzen in Stellenanzeigen ermöglichen und im zweiten Schritt einen Vergleich mit den Studienergebnissen erlauben. Die Herangehensweise wird im Folgenden genau erläutert:

In der Häufigkeitsanalyse wurden als Erstes alle Begriffe, die zur sozialen oder personalen Kompetenz zuzuordnen sind, mit Hilfe des Kategoriensystems aufgelistet. Anschließend wurden sie in die Unterkategorien eingeteilt, um dann die Häufigkeiten der Begriffe zu bestimmen. Dabei wurden Wörter, die sinngemäß dasselbe bedeuten und in derselben Stellenanzeige auftauchten, als eine Einheit betrachtet. Auch Wörter, die nicht direkt im Kategoriensystem zu finden sind, wurden sinngemäß entsprechenden Begriffen zugeordnet. Allerdings wurde schon im Theorieteil deutlich, dass die Abgrenzung von einzelnen Komponenten der personalen und sozialen Kompetenz nicht immer eindeutig ist und deshalb kritisch betrachtet werden muss. Einige der Begriffe können beiden Kompetenzen zugeordnet werden. Um die Arbeit nicht zu erschweren, erfolgte aber eine eindeutige Zuweisung. Aufgrund der geringen Anzahl der betroffenen Begriffe, ändert sich das Endergebnis dadurch nicht. Somit kann mit dieser Zuordnung weitergearbeitet werden. Zum Schluss fand eine Auswertung der erhobenen Daten statt. Die Ergebnisse der Analyse werden im Folgenden dargestellt.

7 Ergebnisse

Die übergreifende Fragestellung war, vor welchen Kompetenzanforderungen Mitarbeiter aus der Shop-Floor-Ebene aufgrund der Entwicklungen der Industrie 4.0 stehen (werden). Dabei wurde der Fokus auf personale und soziale Kompetenzanforderungen eingegrenzt. Die Studienergebnisse von acatech u.a. (2016), Eilers u.a. (2017) sowie Spöttl (2016) wiesen auf verschiedene Entwicklungen hin. Basierend auf diesen Studienergebnissen können folgende Thesen formuliert werden, die im Anschluss überprüft werden:

1. Es werden kaum soziale und personale Kompetenzen gefordert (vgl. acatech u.a. 2016).

2. Es gibt geringe Unterschiede in den Kompetenzanforderungen zwischen den Berufen Elektroniker für Automatisierungstechnik und Mechatroniker (vgl. Spöttl 2016).

3. Die Bedeutung von sozialen und personalen Kompetenzen ist für die Ausbildung mehr von Bedeutung als nach dem Berufseinstieg mit abgeschlossener Ausbildung (vgl. Spöttl 2016).

4. In beiden Berufsgruppen wird sozialer und personaler Kompetenz dieselbe Bedeutung zugesprochen (siehe Eilers u.a. 2017).

Um diese Thesen zu überprüfen, wird als Erstes ein Vergleich zwischen den Berufen durchgeführt. Dazu werden die Häufigkeiten von sozialer und personaler Kompetenz in den Stellenanzeigen betrachtet. Diese sollten zur Beantwortung der ersten und zweiten These ausreichen. Anschließend wird zwischen den jeweiligen Berufsgruppen der Direkteinstieg[12] und die Ausbildung[13] betrachtet. Dies soll sowohl weitere Aussagen als auch Rückschlüsse für die Interpretation von Unterschieden gewährleisten. Außerdem soll mit Hilfe der Ergebnisse die dritte These geprüft werden. Anschließend wird ein spezifischer Blick auf die Anforderungen der Ausbildung in Bezug auf die Unterkategorien geworfen. Diese sollen untereinander Vergleiche erlauben. Zum Schluss wird anhand aller Ergebnisse die vierte These beurteilt.

---

[12] Unter Direkteinstieg wird der Einstieg in einen Beruf mit entsprechender Qualifikation, unter Direkteinsteigern werden Personen mit entsprechendem Berufsabschluss verstanden.

[13] Unter Ausbildung werden Stellenanzeigen für eine Ausbildung des jeweiligen Berufes verstanden.

Da kein ausreichendes Material vorlag, wurden nur deskriptive Statistiken erstellt. Inferenzstatistiken mit Hilfe eines Längsschnittvergleichs wären für die Zukunft wünschenswert, konnten aber aufgrund der Rahmenbedingungen dieser Arbeit nicht erbracht werden.

7.1 Vergleich zwischen den Berufen

Das Diagramm zeigt die Ergebnisse der Auswertung der Stellenanzeigen. Um einen Überblick zu schaffen, wurde ein Säulendiagramm gewählt, welches die Verteilung der Häufigkeiten in den drei Bereichen der sozialen und personalen Kompetenz zeigt. Wie zu sehen ist, bestehen kaum Unterschiede zwischen den Häufigkeiten bei Elektronikern für Automatisierungstechnik und den Mechatronikern. Nur im behavioralen Bereich sind soziale Kompetenzen öfter bei den Mechatronikern gefragt (44 Nennungen) als bei den Elektronikern für Automatisierungstechnik (35 Nennungen). Auffällig sind die unterschiedlichen Ergebnisse der Bereiche: In den Stellenanzeigen konnte nichts über die ersten zwei Bereiche der sozialen Kompetenz gefunden werden. Stattdessen wurde der Fokus auf den dritten, den behavioralen Bereich gelegt.

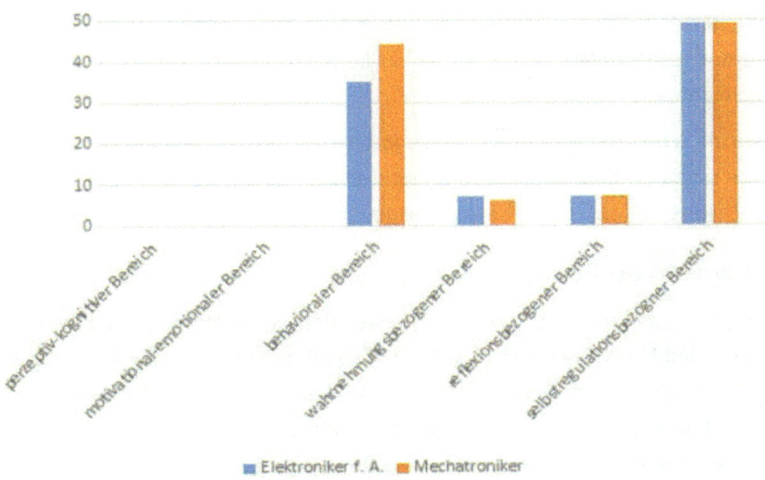

Abbildung 14: Häufigkeiten der Unterkategorien von sozialer und personaler Kompetenz in den analysierten Stellenanzeigen
(eigene Darstellung)

Anders als in der sozialen Kompetenz konnten in allen Bereichen der personalen Kompetenz Anforderungen gefunden werden. Zwar ist auch hier ein deutlicher Unterschied zwischen den ersten zwei Bereichen und dem dritten Bereich zu finden, dennoch gibt es zumindest Nennungen in den ersten zwei Bereichen. In den wahrnehmungs- und reflexionsbezogenen Bereichen konnten bei beiden Berufen ca. sechs bis sieben Nennungen gefunden werden. Für den dritten Bereich wurden in beiden Berufen 49 Nennungen festgestellt. Dieser Befund zeigt zum einen, dass personale Kompetenzen stärker nachgefragt werden als soziale Kompetenzen, zum anderen verdeutlicht er, dass insbesondere die letzten Bereiche der zwei Kompetenzen einen sehr hohen Stellenwert besitzen. Welche Hintergründe dies haben kann, kann anhand der vorliegenden Informationen nicht beantwortet werden.

Allerdings können an dieser Stelle die ersten zwei Thesen geprüft werden:

Die erste These, dass kaum soziale und personale Kompetenzen gefordert werden, wie sich aus den Ergebnissen von acatech u.a. (2016) ableiten ließ, kann nicht bestätigt werden. Es ist deutlich zu erkennen, dass sowohl soziale als auch personale Kompetenzen verlangt werden. Die zweite These hingegen, dass es geringe Unterschiede in den Kompetenzanforderungen zwischen den Berufen Elektroniker für Automatisierungstechnik und Mechatroniker gibt, kann hiermit bestätigt werden. Beide Berufe weisen ein ähnliches Bild auf. Nur im behavioralen Bereich sind die Anforderungen an Mechatroniker etwas höher als an Elektroniker für Automatisierungstechnik.

Es wurde schon deutlich, dass insbesondere die letzten zwei Bereiche der sozialen und personalen Kompetenz gefragt sind. Deshalb werden im Folgenden der behaviorale Bereich und der selbstregulationsbezogene Bereich näher betrachtet.

7.1.1 Behavioraler Bereich

Als Erstes fallen die Unterschiede zwischen den Fähigkeiten auf. Die Teamfähigkeit wird bei den Mechatronikern fast 10-mal so oft genannt wie der Kommunikationsstil. Das Engagement, worunter bei der Analyse auch Eigeninitiative und Einsatzbereitschaft verstanden wurde, erhielt nur elf Nennungen. Auch die Unterschiede zwischen den Berufen sind deutlich: Bis auf die Kommunikationsfähigkeit und den Kommunikationsstil werden bei Mechatronikern öfter Engagement, Teamfähigkeit und Flexibilität erwartet als bei den Elektronikern für Automatisierungstechnik (vgl. Abb. 15). Nach dieser spezifischeren Betrachtung kann die zweite These, dass es geringe Unterschiede in den Kompetenzanforderungen zwischen den Berufen Elektroniker für Automatisierungstechnik und Mechatroniker gibt, nicht bestätigt werden. Die folgende Betrachtung des selbstregulationsbezogenen Bereiches wird dieses Ergebnis untermauern.

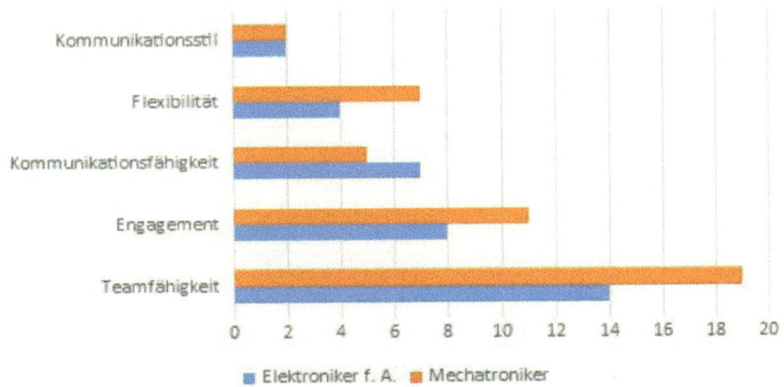

Abbildung 15: Häufigkeiten der Komponenten des behavioralen Bereichs der Berufe Elektroniker für Automatisierungstechnik und Mechatroniker
(eigene Darstellung)

7.1.2 Selbstregulationsbezogener Bereich

Die Ergebnisse des selbstregulationsbezogenen Bereichs unterscheiden sich deutlich von denen des behavioralen Bereichs. Während im behavioralen Bereich nur fünf Kompetenzen genannt wurden, wurden im selbstregulationsbezogenen Bereich insgesamt neun Kompetenzen erwähnt. Auch die Verteilung auf die Berufe gestaltet sich sehr unterschiedlich. Eine der Fähigkeiten, die Konzentrationsfähigkeit, wird sogar beim Mechatroniker gar nicht genannt. Dagegen wurde die Selbstständigkeit doppelt so oft beim Mechatroniker angegeben wie beim Elektroniker für Automatisierungstechnik (vgl. Abb. 16). Somit kann folgende Rangfolge der ersten sechs Fähigkeiten je Beruf erstellt werden:

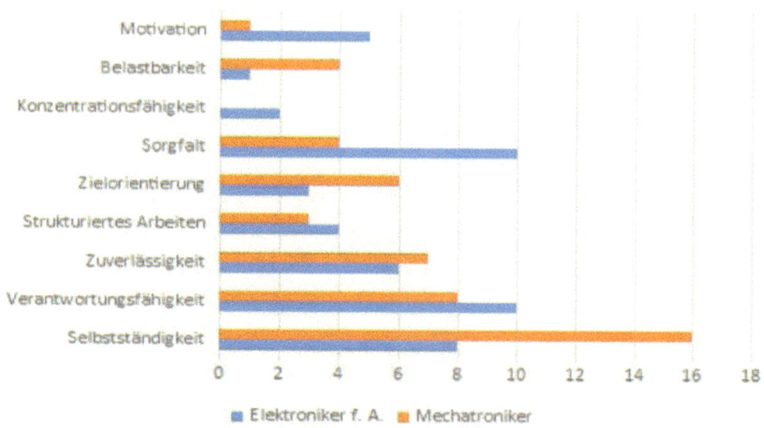

Abbildung 16: Häufigkeiten der Komponenten des selbstregulationsbezogenen Bereichs der Berufe Elektroniker für Automatisierungstechnik und Mechatroniker (eigene Darstellung)

Elektroniker für Automatisierungs-technik	Mechatroniker
Verantwortungsfähigkeit und Sorgfalt	Selbstständigkeit
Selbstständigkeit	Verantwortungsfähigkeit
Zuverlässigkeit	Zuverlässigkeit
Motivation	Zielorientierung
Strukturiertes Arbeiten	Belastbarkeit und Sorgfalt

Tabelle 6: Rangfolge der ersten sechs Fähigkeiten des selbtsregulationsbezogenen Bereiches beider Berufe
Quelle: eigene Darstellung

Während Verantwortungsfähigkeit, Selbstständigkeit und Zuverlässigkeit für beide Berufe Priorität besitzen, werden die anderen Kompetenzen unterschiedlich oft genannt. Außerdem fallen die besonders hohen Unterschiede zwischen den Berufen auf. Bei den Kompetenzen Motivation, Belastbarkeit, Konzentrationsfähigkeit, Sorgfalt, Zielorientierung, und Selbstständigkeit sind die Differenzen sehr hoch.

7.1.3 Schlussfolgerung

Hinsichtlich der sozialen und personalen Kompetenz sind zunächst nur geringe Unterschiede zwischen den Berufen zu erkennen. Erst bei einem differenzierteren Blick auf die Bereiche und einzelnen Komponenten werden die Unterschiede deutlicher. Während die Teamfähigkeit (14), Verantwortungsfähigkeit (10) und Sorgfalt

(10) für Elektroniker für Automatisierungstechnik Priorität haben, sind für Mechatroniker Teamfähigkeit (19), Selbstständigkeit (16) und Engagement (11) besonders wichtig. Deutlich wird auch, dass die personalen Kompetenzen öfter gefordert werden als die sozialen Kompetenzen.

Um mögliche Ursachen erfassen zu können, erfolgt nun ein Vergleich zwischen einem Direkteinstieg und einer Ausbildung.

7.2 Vergleich zwischen Ausbildung und Direkteinstieg

Interessant ist auch, einen Blick auf die Anforderungsunterschiede zwischen den Beschäftigten mit und ohne Ausbildungsabschluss zu werfen. Der Vergleich könnte Rückschlüsse bei Unterschieden und Prognosen erlauben. Um die Relationen kenntlich zu machen, wurden Kreisdiagramme erstellt. Diese sollen einen Überblick über die Verteilung von Stellenanzeigen der Ausbildung und des Direkteinstiegs je Beruf ermöglichen. Im Anschluss werden mit Hilfe von Tabellen erste Unterschiede zwischen Ausbildung und Direkteinstieg betrachtet.

7.2.1 Verteilung der Stellenanzeigen je Beruf

Da die Stellenanzeigen randomisiert ausgewählt wurden, ist die Verteilung von Stellenanzeigen für eine Ausbildung und Stellenanzeigen für den Direkteinstieg, d.h. mit entsprechendem Berufsabschluss, unterschiedlich. Abbildung 17 zeigt die Verteilung für den Beruf Elektroniker für Automatisierungstechnik. Der Anteil der Stellenanzeigen für eine Ausbildung liegt bei 23%. Dementsprechend entfallen 77% der Stellenanzeigen auf den Direkteinstieg.

Ein ähnliches Bild liegt beim Mechatroniker vor. 20% der Stellenanzeigen sind Ausbildungsstellen, 80% beziehen sich auf Direkteinstiege (vgl. Abb. 18). Durch die in etwa gleiche Verteilung in den jeweiligen Berufsgruppen sind Vergleiche untereinander möglich.

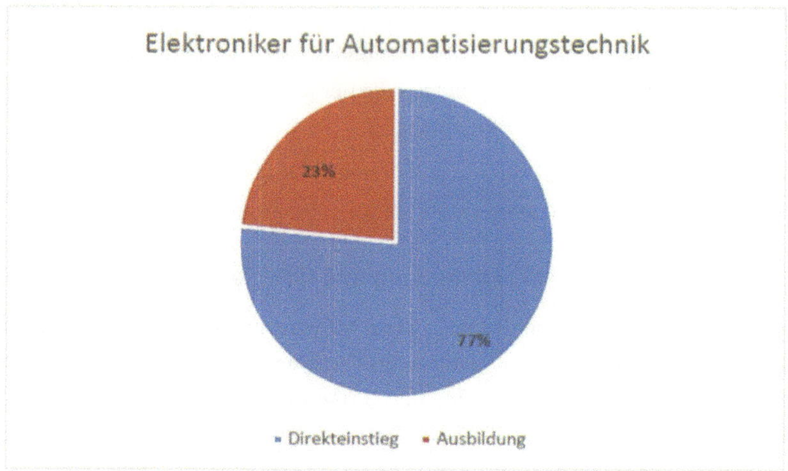

Abbildung 17: Anteil der Stellenanzeigen von Ausbildung und Direkteinstieg des Elektronikers für Automatisierungstechnik
(eigene Darstellung)

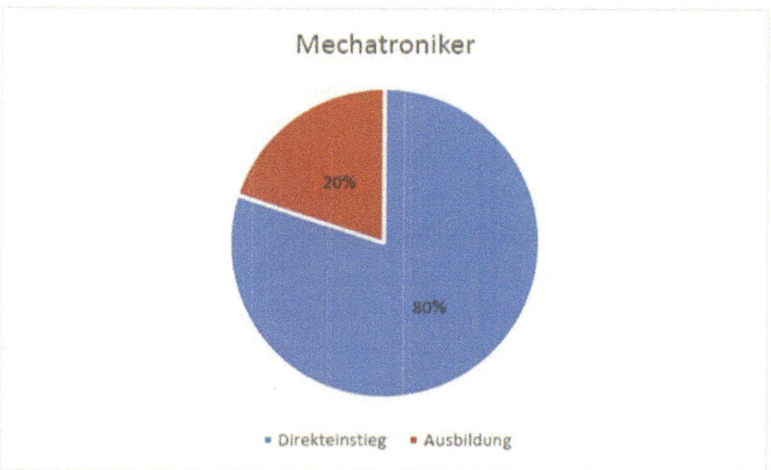

Abbildung 18: Anteil der Stellenanzeigen von Ausbildung und Direkteinstieg des Mechatronikers
(eigene Darstellung)

In den folgenden Tabellen wird die Verteilung nochmals in Zahlen deutlich. Bei der Betrachtung der Zahlen wird deutlich, dass die Verteilung fast gleich ist. Es wurden sieben Stellenanzeigen für Lehrlinge des Berufes Elektroniker für Automatisierungstechnik und sechs Stellenanzeigen für Lehrlinge des Berufes Mechatroniker analysiert. Bei den Stellenanzeigen für Personen mit Berufsabschluss wurden 23 Stellenanzeigen von Elektronikern für Automatisierungstechnik und 24 Stellenanzeigen von Mechatronikern analysiert (vgl. Tabelle 7, Tabelle 8). Somit kann ohne Bedenken ein Vergleich zwischen den Berufen durchgeführt werden.

Elektroniker f. A.	Anzahl der analysierten Stellenanzeigen	Stellenanzeigen mit Nennung von Kompetenzen	Stellenanzeigen ohne Nennung von sozialen und personalen Kompetenzen	Gesamtzahl der sozialen und personalen Kompetenzen
Direkteinstieg	23	21	2	81
Ausbildung	7	7	0	17

Tabelle 7: Vergleich zwischen Direkteinstieg und Ausbildung des Berufes Elektroniker für Automatisierungstechnik
Quelle: eigene Darstellung

Mechatroniker	Anzahl der analysierten Stellenanzeigen	Stellenanzeigen mit Nennung von Kompetenzen	Stellenanzeigen ohne Nennung von sozialen und personalen Kompetenzen	Gesamtzahl der sozialen und personalen Kompetenzen
Direkteinstieg	24	22	2	82
Ausbildung	6	6	0	24

Tabelle 8: Vergleich zwischen Direkteinstieg und Ausbildung des Berufes Mechatroniker
Quelle: eigene Darstellung

7.2.2 Vergleich zwischen den Berufen mit Berücksichtigung der Einstiegsart

Ein interessanter Befund ist die Anzahl der Stellenanzeigen, die keine sozialen und personalen Kompetenzen nennen. Bei beiden Berufen konnten in zwei Stellenanzeigen des Direkteinstiegs keine Kompetenzanforderungen sozialer und personaler Art identifiziert werden. Hingegen erwähnten alle Stellenanzeigen für den jeweiligen Ausbildungsberuf sowohl soziale als auch personale Kompetenzanforderungen. Dieser Aspekt bestätigt die dritte These: Die Bedeutung von sozialen und personalen Kompetenzen ist für die Ausbildung von größerer Bedeutung als für die Berufsausübung mit abgeschlossener Ausbildung. Trotz dieses Befundes sollte festgehalten werden, dass es kaum Stellenanzeigen gibt, die den Kompetenzbegriff nicht nutzen.

Bei Betrachtung der letzten Spalte der Tabelle, die sich mit der Gesamtzahl der sozialen und personalen Kompetenzen aus den Stellenanzeigen befasst, wird beim Direkteinstieg zwischen den Berufen kein nennenswerter Unterschied deutlich. Die Elektroniker für Automatisierungstechnik verzeichnen eine Nennung weniger (81) als die Mechatroniker (82), aber dafür auch eine Stellenanzeige weniger (23) als die Mechatroniker (24). Ein anderes Bild ergibt sich für die Ausbildung. Die Elektroniker für Automatisierungstechnik haben 17 Nennungen, die Mechatroniker hingegen 24 Nennungen. Somit kann von einem deutlichen Unterschied gesprochen werden. Während in beiden Berufsgruppen bei Stellenanzeigen, die einen Berufsabschluss erwarten, etwa die gleiche Anforderungsmenge festzustellen ist, werden von Lehrlingen des Mechatronik-Bereiches deutlich mehr Kompetenzen gefordert als von Lehrlingen des Elektronik-Bereiches.

Um aufschlussreichere Ergebnisse zu erhalten, wird im Folgenden ein Vergleich zwischen den zwei Ausbildungsberufen durchgeführt.

7.3 Vergleich der Bereiche je Ausbildungsberuf

7.3.1 Elektroniker für Automatisierungstechnik

Für angehende Elektroniker für Automatisierungstechnik sind die zwei wichtigsten Bereiche der selbstregulationsbezogene Bereich 29% und der behaviorale Bereich 29%. Darauf folgen der wahrnehmungsbezogene Bereich mit 24% und der reflexionsbezogene Bereich mit 18%. Die ersten zwei Bereiche der sozialen Kompetenz wurden gar nicht genannt. Somit ist klar, dass mehr personale Kompetenzanforderungen (71%) an die angehenden Elektroniker für Automatisierungstechnik gestellt werden als soziale (29%) (vgl. Abb. 19).

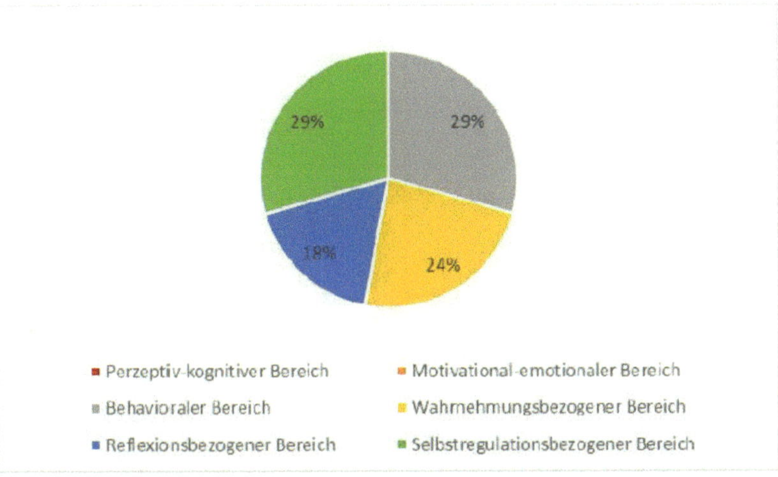

Abbildung 19: Anteile der Unterkomponenten von sozialer und personaler Kompetenz beim Ausbildungsberuf Elektroniker für Automatisierungstechnik (eigene Darstellung)

7.3.2 Mechatroniker

Der Ausbildungsberuf Mechatroniker zeigt ein deutlich anderes Bild, allerdings mit dem selben Endergebnis. Während bei den Elektronikern für Automatisierungstechnik eine Gleichverteilung in den Anforderungen bzgl. des selbstregulationsbezogenen und behavioralen Bereiches bestand (29%), werden bei den Mechatronikern mit 46-prozentigem Anteil Anforderungen im selbstregulationsbezogenen Bereich gestellt. Dieser Wert liegt mit 17% deutlich über dem Wert der Elektroniker für Automatisierungstechnik. Der zweite Bereich, der bei Mechatronikern stark gefordert wird, ist der behaviorale (37%). Auch hier sind die Anforderungen im Vergleich zu denen an die Elektroniker für Automatisierungstechnik mit 8% deutlich höher. Die anderen zwei Bereiche verzeichnen eine durchschnittlich geringere Bedeutung: Der wahrnehmungsbezogene Bereich wird nur mit 13% und der reflexionsbezogene Bereich mit nur 4% angegeben. Diese zwei Werte fallen auch im Vergleich zum anderen Berufsbild sehr gering aus. Es lässt sich zusammenfassen, dass für angehende Mechatroniker auch die personale Kompetenz eine höhere Bedeutung als die soziale Kompetenz einnimmt, die Anforderungen innerhalb der Kompetenzbereiche allerdings stark variieren (vgl. Abb. 20).

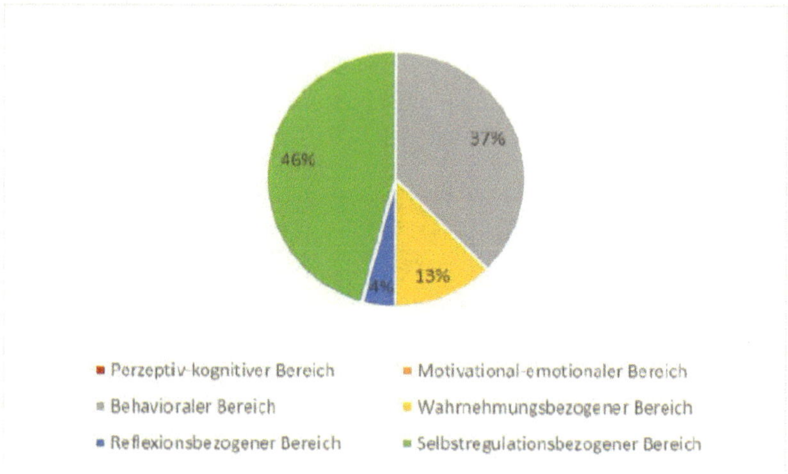

Abbildung 20: Anteile der Unterkomponenten von sozialer und personaler Kompetenz beim Ausbildungsberuf Mechatroniker
(eigene Darstellung)

7.4 Vergleich von sozialer und personaler Kompetenz je Beruf und Einstiegsart

Die vierte These *In beiden Berufsgruppen wird sozialer und personaler Kompetenz dieselbe Bedeutung zugesprochen* kann einerseits untermauert, andererseits widerlegt werden. Bei einer Gesamtbetrachtung, unabhängig vom Beruf und der Einstiegsart, zeigt sich ein anderes Ergebnis als bei einer spezifischeren Betrachtung von Beruf und/oder Einstiegsart. Deshalb wird die Bedeutung von sozialer und personaler Kompetenz in den unterschiedlichen Kontexten betrachtet.

Bei einer Gesamtbetrachtung, unabhängig vom Beruf und der Einstiegsart, zeigt sich, dass soziale Kompetenzen bei allen analysierten Einstiegsformen und Berufen weniger bedeutsam sind als personale Kompetenzen. Der Anteil der personalen Kompetenzen liegt immer über 60%. Bei spezifischer Betrachtung ergibt sich, dass die Bedeutung der sozialen Kompetenz für eine Ausbildung in beiden Berufen geringer ist als beim Direkteinstieg. Beim Vergleich zwischen den Berufen wird wiederum deutlich, dass unabhängig von der Einstiegsart soziale Kompetenzen bei Mechatronikern wichtiger sind als bei Elektronikern für Automatisierungstechnik. Die personale Kompetenz hingegen ist bei Elektronikern für Automatisierungstechnik wichtiger als bei Mechatronikern (vgl. Abb. 21).

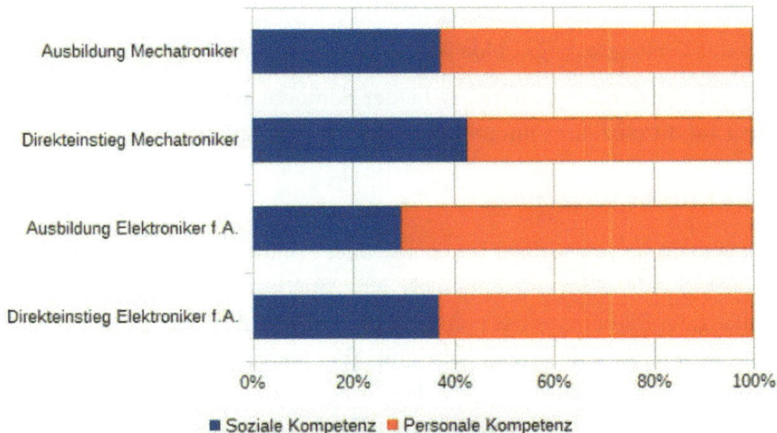

Abbildung 21: Vergleich der Anteile von sozialer und personaler Kompetenz zwischen den Berufen Elektroniker für Automatisierungstechnik und Mechatroniker sowie den Einstiegsarten Ausbildung und Direkteinstieg
(eigene Darstellung)

7.5 Zusammenfassung der Ergebnisse

Durch die Erhebungen wurden Unterschiede sowohl zwischen den Berufen als auch zwischen den Einstiegsarten deutlich. Allerdings sind die Differenzen nicht immer stark ausgeprägt. Folgende Ergebnisse können dennoch festgehalten werden:

a) Beim Vergleich zwischen den Berufen, ohne Berücksichtigung der Einstiegsart, können nur geringe Differenzen in Hinblick auf die Kompetenzanforderungen festgestellt werden (vgl. Abb. 14).

b) Beim Vergleich zwischen den Berufen, mit Berücksichtigung der Einstiegsart, zeigen sich große Differenzen in Hinblick auf die Kompetenzanforderungen (vgl. Abb. 19-20).

c) Beim Vergleich von sozialer und personaler Kompetenz, ohne Berücksichtigung der Einstiegsart, werden von Mechatronikern etwas mehr soziale Kompetenzen gefordert als von Elektronikern für Automatisierungstechnik (vgl. Abb. 14).

d) Beim Vergleich von sozialer und personaler Kompetenz, mit Berücksichtigung der Einstiegsart, werden von Auszubildenden beider Berufe mehr personale Kompetenzen erwartet als soziale Kompetenzen (vgl. Abb. 19-20).

e) Die dritten Bereiche von sozialer und personaler Kompetenz sind, unabhängig von der Einstiegsart, für beide Berufe am wichtigsten (vgl. Abb. 14, 19-20).

f) Innerhalb der dritten Bereiche beider Kompetenzarten wird unterschiedlich viel Wert auf die einzelnen Komponenten gelegt (vgl. Abb. 15-16).

7.6 Kritische Würdigung

Die Bedeutung von sozialer und personaler Kompetenz wurde im Hinblick sowohl auf verschiedene Berufsgruppen als auch Einstiegsformen betrachtet. Der geringe Umfang des Datenmaterials erlaubt keine sicheren Aussagen. Auch die Betrachtung innerhalb eines sehr kurzen Zeitraums (ein Monat) verhindert Aussagen über einen Wandel oder über mögliche Szenarien. Dazu wäre eine Längsschnittbetrachtung notwendig. Dennoch konnten viele Dinge festgehalten werden. Vor allem in Abbildung 21 fällt sofort die Bedeutung der sozialen Kompetenz im Vergleich zur personalen Kompetenz auf: Soziale Kompetenzen sind unabhängig von Beruf und Einstiegsart weniger bedeutsam als personale Kompetenzen. Bei einem Vergleich innerhalb der Berufsgruppen zwischen den Einstiegsarten kann sogar eine Abnahme für die soziale Kompetenz vorausgesagt werden. Die Ausbildungen fordern weniger soziale Kompetenzen als die Stellen für Direkteinsteiger. Dieser Aspekt bestätigt eine zuvor gewagte Vermutung, dass der Bedarf an sozialen Kompetenzen abnehmen wird. Andersherum kann bei beiden Vergleichen, sowohl zwischen den Berufen als auch zwischen den Einstiegsarten, eine zunehmende Bedeutung von personaler Kompetenz abgeleitet werden.

8 Fazit

Kernthema dieser Arbeit waren Kompetenzanforderungen von Beschäftigten der Shop-Floor-Ebene im Kontext der Industrie 4.0. Im Fokus stand die Frage, ob Mitarbeiter der Shop-Floor-Ebene vor neuen Kompetenzanforderungen stehen (werden) und, wenn ja, vor welchen. Ziel war es, zu bestimmen, welche Kompetenzen durch die Industrie 4.0 auf der Shop-Floor-Ebene tatsächlich gefordert werden und welche an Bedeutung verlieren werden. Zum Zwecke einer Eingrenzung wurden nur personale und soziale Kompetenzen betrachtet.

Als Einstieg wurde die Bedeutung wichtiger Begriffe geklärt. Dabei wurde deutlich, wie facettenreich die relevanten Termini sein können, und zum anderen, dass der Ausdruck Industrie 4.0 erst im Zusammenhang mit den Begriffen CPS und Internet der Dinge verstanden werden kann. Im Anschluss wurden in Kürze die ersten drei industriellen Revolutionen und der damit verbundene erfolgte oder vermutete Qualifikationswandel dargestellt. Anschließend wurde kurz die Industrie 4.0 als vierte industrielle Revolution skizziert. Das nächste Kapitel fasste allgemeinere Aussagen über den zu erwartenden Beschäftigungswandel aufgrund der Industrie 4.0 zusammen. Dazu wurden sowohl die Polarisierungs- und Upgradingthese als auch eine Studie von Frey und Osborne (2013) sowie ergänzend eine deutsche Studie von Spöttl (2016) betrachtet. Für weitere Prognosen wurden einige einzelne Ergebnisse von diversen Autoren aufgeführt. Diese verdeutlichten, dass es keine einheitliche Meinung über den zukünftigen Beschäftigungszustand gibt. Es hat sich auch gezeigt, dass nicht jede Studie zu aussagekräftigen Ergebnissen kommt und deshalb jede einzelne Studie kritisch zu hinterfragen ist.

Im darauffolgenden Kapitel wurden konkreter die Kompetenzanforderungen im Kontext der Industrie 4.0 betrachtet. Dazu wurde die Kompetenzentwicklungsstudie (2016) von acatech, dem Fraunhofer Institut IML und der equeo GmbH ausführlich dargestellt. Zusammenfassendes Ergebnis war, dass für die befragten Unternehmen nur wenige personale und soziale Kompetenzen relevant für Industrie 4.0 waren. Ihr Fokus lag vielmehr auf fachlichen Kompetenzen.

Eine weitere Studie, die aufgegriffen wurde, war der HR-Report. Er wurde im Auftrag der Hays AG durch das Institut für Beschäftigung und Employability durchgeführt. Ziel war es, Kompetenzen zu ermitteln, die für eine digitale Welt von Bedeutung sind. Als Ergebnis zeigte sich, dass Unternehmen durchaus personale und soziale Kompetenzen fordern, aber diesen im Vergleich zu fachlichen Kompetenzen deutlich weniger Bedeutung zuschreiben.

In einem nächsten Schritt wurde das Vorgehen zur Analyse der Stellenanzeigen erläutert. Die Stellenanzeigen der Berufe Elektroniker für Automatisierungstechnik und Mechatroniker wurden mittels inhaltlicher Strukturierung analysiert, um anschließend ein Kategoriensystem zu erstellen. Zwar stellte die Erstellung des Kategoriensystems kein Problem dar, aber die Zuordnung der Fähigkeiten aus den Stellenanzeigen zu den im Kategoriensystem festgelegten Unterkategorien war eine besondere Hürde, da es zum einen ähnliche Begriffe in beiden Kompetenzarten gab und zum anderen nicht jeder Begriff eindeutig zuzuordnen war. Nachdem das Kategoriensystem erstellt und die einzelnen Fähigkeiten aus den Stellenanzeigen herausgearbeitet wurden, ließ sich die Häufigkeit der Fähigkeiten bzw. Kompetenzen bestimmen. Auf Basis der Häufigkeitsanalyse konnten die Ergebnisse in Schaubilder und Diagramme übertragen werden. Es stellte sich heraus, dass es neben Unterschieden in den zwei Berufsgruppen auch Unterschiede zwischen Lehrlingen und Personen mit Berufsabschluss gibt.

Zusammenfassend lässt sich sagen, dass die Veränderungen in der Zukunft nicht mit Sicherheit eingeschätzt werden können. Es wurde deutlich, dass die Veränderungen von verschiedenen Faktoren abhängen: zum einen von Land, Sektor, Unternehmensgröße und befragter Person (Experte), zum anderen vom Beruf und der Einstiegsart. Von Mechatronikerlehrlingen werden insgesamt mehr Kompetenzen erwartet als von Auszubildenden des Berufes Elektroniker für Automatisierungstechnik. Obwohl beide Berufe eine hohe Affinität zur Industrie 4.0 besitzen und der Elektroniker für Automatisierungstechnik in der Gesamtbewertung bei Spöttl (2016) die höchste Betroffenheit aufzeigte, gibt es beim Mechatroniker einen höheren Bedarf nach sozialen und personalen Kompetenzen als beim Elektroniker für Automatisierungstechnik. Dieser Aspekt legt die Behauptung nahe, dass der Bedarf nach sozialen und personalen Kompetenzen sinkt, je affiner der Beruf gegenüber der Industrie 4.0 ist.

Die Ergebnisse der Studien zeigten auch, dass fachlichen Kompetenzen die höchste Bedeutung zugesprochen wird. Es stellt sich die Frage, weshalb bei Mitarbeitern auf der Shop-Floor-Ebene noch fachliche Kompetenzen erwartet werden, wenn angeblich Roboter den größten Teil der Arbeit übernehmen werden. In der Industrie 4.0, wie sie vorausgesagt wird, dürfte der einzige Bedarf nach menschlicher Arbeitskraft bei der Instandhaltung und Bedienung dieser Roboter bestehen. Somit müssen die fachlichen Kompetenzen an die neue Arbeit angepasst werden.

Weshalb soziale Kompetenzen notwendig sind, ist auch unklar, da sogar die Interaktion mit Lieferanten usw. durch CPS übernommen wird. Die Mitarbeiter stehen somit kaum im Austausch mit anderen Mitarbeitern. Es wird damit deutlich, dass die Forschung zur Industrie 4.0, trotz ihres großen Umfangs, immer noch am Anfang steht. Es lassen sich noch keine klaren Aussagen über Kompetenzanforderungen treffen. Somit weist der Forschungsstand eine große Lücke auf.

Bezogen auf die Berufspädagogik, wären deshalb curriculare Veränderungen voreilig. Vielmehr wäre es sinnvoll, Zusatzmodule anzubieten, mit denen sich Auszubildende auf verschiedene Gebiete der Industrie 4.0 spezialisieren können. Auch nicht zu vernachlässigen ist hier die Weiterbildungsstrategie. Um die Mitarbeiter auf die neuen Anforderungen vorzubereiten, sind Weiterbildungen unabdingbar. Aber auch hier muss genau bestimmt werden, welche Kompetenzen weiterzuentwickeln sind.

Um sicherere Aussagen über die Zukunft treffen zu können, wäre es wünschenswert eine umfangreichere Längsschnittstudie durchzuführen. Diese würde den Wandel erfassen und somit Rückschüsse als auch bessere Prognosen erlauben. Ein weiterer Vorschlag, der zwar schwieriger, aber nicht unmöglich zu realisieren wäre, könnte darin bestehen, ältere Stellenanzeigen bei der Analyse hinzuzuziehen, um den Wandel genauer beschreiben und bessere Vorhersagen ableiten zu können. Dadurch können einerseits Veränderungen überprüft und andererseits Prognosen präziser getroffen werden.

Deutlich wurde ebenfalls die Bedeutung des behavioralen und des selbstregulationsbezogenen Bereiches. Die Hintergründe dieser Gewichtung zu bestimmen, wäre ein weiterer wichtiger Beitrag zur Berufspädagogik.

9 Literaturverzeichnis

acatech, Fraunhofer IML & equeo GmbH (Hrsg.) (2016): Kompetenzentwicklungsstudie Industrie 4.0. Erste Ergebnisse und Schlussfolgerungen. München. Verfügbar unter: https://www.acatech.de/Publikation/kompetenzentwicklungsstudie-industrie-4-0-erste-ergebnisse-und-schlussfolgerungen/ [letzter Zugriff am 06.05.2018].

Amberg, J. (o.J.): Industrie 4.0 und Cyber-physische Systeme – Einordnung und Praxisbeispiel. Formatumrüstung im Maschinenbau.

Verfügbar unter: https://www.halstrup-walcher.de/halstrup-walcher-wAssets/docs/pressemeldungen/positioniertechnik/2015_Fachartikel_Industrie-4.0-Formatumruestung_DEU.pdf [letzter Zugriff am 16.08.2018].

Amberg, J. (2015): Industrie 4.0 und Cyber-physische Systeme – Einordnung und Praxisbeispiel. In: Köhler-Schute, C. (Hrsg.): Industrie 4.0: Ein praxisorientierter Ansatz. Berlin: KS-Energy-Verlag. S. 44-55.

bmvit (2017): Technologischer Wandel und die Zukunft des Arbeitsmarkts. Beschäftigung und Industrie 4.0. Wien. Verfügbar unter:
https://www.bmvit.gv.at/service/publikationen/innovation/downloads/arbeitsmarkteffekte_endbericht.pdf [letzter Zugriff am 10.08.2018].

Bolder, A. (2009): Arbeit, Qualifikation und Kompetenzen. In: Handbuch Bildungsforschung, herausgegeben von Rudolf Tippelt, Bernhard Schmidt. 2. überarb. und erw. Auflage. VS Verlag für Sozialwissenschaften. Wiesbaden. S. 813-844.

Bonin, H.; Gregory, T. & Zierahn, U. (2015): Übertragung der Studie von Frey/Osborne (2013) auf Deutschland. ZEW (Hrsg.): Endbericht. Kurzexpertise Nr. 57. Berlin. Verfügbar unter: ftp://ftp.zew.de/pub/zewdocs/gutachten/Kurzexpertise_BMAS_ZEW2015.pdf (letzter Zugriff 13.08.2018].

Dengler, K. & Matthes, B. (2015): Folgen der Digitalisierung für die Arbeitswelt: Substituierbarkeitspotenziale von Berufen in Deutschland. IAB-Forschungsbericht. 11/2015. Nürnberg. Verfügbar unter:
http://doku.iab.de/forschungsbericht/2015/fb1115.pdf [letzter Zugriff: 07.06.2018].

Dombrowski, U.; Riechel, C. & Evers, M. (2014): Industrie 4.0 – Die Rolle des Menschen in der vierten industriellen Revolution. In: W. Kersten, H. Koller, H. Lödding (Hrsg.): Industrie 4.0. Wie intelligente Vernetzung und kognitive Systeme unsere Arbeit verändern. Berlin: GITO mbH Verlag. S. 129-153.

Eilers, S.; Möckel, K.; Rump, J. & Schabel, F. (2017): Schwerpunkt Kompetenzen für eine digitale Welt. Eine empirische Studie des Instituts für Beschäftigung und Employability IBE im Auftrag von Hays für Deutschland, Österreich und die Schweiz. HR-Report 2017. Verfügbar unter: https://www.hays.de/documents/10192/118775/Hays-Studie-HR-Report-2017.pdf/ [letzter Zugriff am 18.07.2018].

Forschungsunion & acatech (Hrsg.) (2013): Deutschlands Zukunft als Produktionsstandort sichern: Umsetzungsempfehlungen für das Zukunftsprojekt Industrie 4.0. Abschlussbericht des Arbeitskreises Industrie 4.0. Frankfurt/Main. Verfügbar unter https://www.bmbf.de/files/Umsetzungsempfehlungen_Industrie4_0.pdf [letzter Zugriff am 07.06.2018].

Fuchs-Heinritz, W.; Lautmann, R.; Rammstedt, O. & Wienold, H. (1994): Lexikon zur Soziologie. 3. völlig neu bearbeitete und erw. Aufl. Opladen: Westdeutscher Verlag GmbH.

Glöckl-Frohnholzer, J. (2015): Die I 4.0 Community Cloud – Die Community Cloud als Basistechnologie für Industrie 4.0. In: Köhler-Schute, C. (Hrsg.): Industrie 4.0: Ein praxisorientierter Ansatz. Berlin: KS-Energy-Verlag. S. 56-72.

Greinert, W.-D. (1999): Berufsqualifizierung und dritte industrielle Revolution: eine historisch-vergleichende Studie zur Entwicklung der klassischen Ausbildungssysteme. Baden-Baden: Nomos Verlag.

Hahn, H.-W. (2011). Die Industrielle Revolution in Deutschland. München: Oldenbourg Verlag.

Hausegger, T.; Scharinger, C.; Sicher, J. & Weber, F. (2016): Qualifizierungsmaßnahmen im Zusammenhang mit der Einführung von Industrie 4.0. Wien. Verfügbar unter: https://docplayer.org/45850459-Qualifizierungsmass-nahmen-im-zusammenhang-mit-der-einfuehrung-von-industrie-4-0.html [letzter Zugriff am 13.07.2018].

Hintz, A. J. (2018): Erfolgreiche Mitarbeiterführung durch soziale Kompetenz. Eine praxisbezogene Anleitung. 4., aktualisierte und erweiterte Auflage. Wiesbaden: Springer Gabler Verlag.

Hof, C. (2002): Von der Wissensvermittlung zur Kompetenzorientierung in der Erwachsenenbildung? Anmerkungen zur scheinbaren Alternative zwischen Kompetenz und Wissen. In: REPORT Literatur- und Forschungsreport Weiterbildung, 49, S. 80-89. Verfügbar unter: http://www.die-bonn.de/id/471 [letzter Zugriff am 10.09.2018].

Huber, W. (2018): Industrie 4.0 kompakt – Wie Technologien unsere Wirtschaft und unsere Unternehmen verändern. Transformation und Veränderung des gesamten Unternehmens. Wiesbaden: Springer Vieweg.

IAB (2015): Industrie 4.0 und die Folgen für Arbeitsmarkt und Wirtschaft. Szenario-Rechnungen im Rahmen der BIBB-IAB-Qualifikations- und Berufsfeldprojektionen. IAB-Forschungsbericht 8/2015. Nürnberg. Verfügbar unter: http://doku.iab.de/forschungsbericht/2015/fb0815.pdf [letzter Zugriff am 10.07.2018].

Jokovic, B. & Stockinger, C. (2016): Kompetenzmanagement in der Arbeitswelt 4.0. In: Mittelstand Digital. WISSENSCHAFT TRIFFT PRAXIS. Digitale Bildung: Kompetenzen für die digital-unterstützte Wertschöpfung, 5, S. 48-53. Verfügbar unter: https://www.mittelstand-digital.de/MD/Redaktion/DE/Publikationen/Wissenschaft-trifft-Praxis/magazin-wissenschaft-trifft-praxis-ausgabe5.html [letzter Zugriff am 30.09.2018].

Kanning, U. P. (2002): Soziale Kompetenz – Definition, Strukturen und Prozesse. In: Zeitschrift für Psychologie, 210, S. 154-163.

Kanning, U. P. (2005): Soziale Kompetenzen. Entstehung, Diagnose und Förderung (Praxis der Personalpsychologie, Band 10). Göttingen: Hogrefe.

Kanning, U. P. (2009): Diagnostik sozialer Kompetenzen. Göttingen: Hogrefe (Kompendien Psychologische Diagnostik, Bd. 4).

KMK (2007): Handreichung für die Erarbeitung von Rahmenlehrplänen der Kultusministerkonferenz für den berufsbezogenen Unterricht in der Berufsschule und ihre Abstimmung mit Ausbildungsordnungen des Bundes für anerkannte Ausbildungsberufe. Verfügbar unter https://www.kmk.org/fileadmin/veroeffentlichungen_beschluesse/2007/2007_09_01-Handreich-Rlpl-Berufsschule.pdf [letzter Zugriff am 08.05.2018].

Köhler, P.; Six, B. & Michels, J. S. (2015): Industrie 4.0: Ein Überblick. In: Köhler-Schute, C.: Industrie 4.0: Ein praxisorientierter Ansatz. Berlin: KS-Energy-Verlag. S. 17-43.

Leyendecker, B. & Pötters, P. (2018): Shopfloor Management. Führen am Ort des Geschehens. München: Carl Hanser Verlag.

Mayring, P. (2015): Qualitative Inhaltsanalyse. Grundlagen und Techniken. 12., überarb. Aufl. Weinheim und Basel: Beltz Verlag.

Mayring, P. (2016): Einführung in die qualitative Sozialforschung. Eine Anleitung zu qualitativem Denken. 6. überarb. Aufl. Weinheim und Basel: Beltz Verlag.

Mollenhauer, K. & Rittelmeyer, C. (1977): Methoden der Erziehungswissenschaft. München: Juventa Verlag.

Nickolaus, R. (2013): Wissen, Kompetenzen, Handeln. In: Zeitschrift für Berufs- und Wirtschaftspädagogik, Bd. 109, S. 1-17.

Nickolaus, R.; Halim, K.; Behrendt, S. & Augustinovic, M. (2018): Anforderungen an Facharbeiter im Kontext von Industrie 4.0 – Eine Sichtung vorliegender Analysen und Prognosen und eine kritische Würdigung ihrer Orientierungsleistung (in Vorbereitung).

Pätzold, G. & Wahle, M. (2009): Ideen- und Sozialgeschichte der beruflichen Bildung. Entwicklungslinien der Berufsbildung von der Ständegesellschaft bis zur Gegenwart. Baltmannsweiler: Schneider Verlag Hohengehren.

Pfadenhauer, M. (2014): Der Kompetenzstreit um ‚Kompetenz' – Ein umkämpftes Konstrukt in wissens- und professionssoziologischer Perspektive. In: Faas, S.; Bauer, P. & Treptow, R. (Hrsg.): Kompetenz, Performanz, soziale Teilhabe. Sozialpädagogische Perspektiven auf ein bildungstheoretisches Konstrukt. Wiesbaden: Springer Verlag. S. 41-50.

Rinneberg, K.-J. (1985): Das betriebliche Ausbildungswesen in der Zeit der industriellen Umgestaltung Deutschlands. Köln: Böhlau.

Roth, Heinrich (1971): Pädagogische Anthropologie, Bd. 2, Hannover: Herrmann Schroedel.

Spöttl, G. (2016): Industrie 4.0 – Auswirkungen auf Aus- und Weiterbildung in der M+E Industrie. Universität Bremen. Verfügbar unter: https://www.baymevbm.de/Redaktion/Frei-zugaengliche-Medien/Abteilungen-GS/Bildung/2016/Downloads/baymevbm_Studie_Industrie-4-0.pdf [letzter Zugriff am 10.09.2018].

Statista (2018): Anteil der Unternehmen in Deutschland mit Nutzung von Computern in den Jahren 2005 bis 2017. Verfügbar unter: https://de.statista.com/statistik/daten/studie/151762/umfrage/anteil-der-unternehmen-mit-nutzung-von-computern-in-deutschland/ [letzter Zugriff am 17.08.2018].

Treptow, R. (2014): Kompetenz – das große Versprechen. In: Faas, S.; Bauer, P. & Treptow, R. (Hrsg.): Kompetenz, Performanz, soziale Teilhabe. Sozialpädagogische Perspektiven auf ein bildungstheoretisches Konstrukt. Wiesbaden: Springer Verlag. S. 21-40.

Treutlein, A. (2013): Humankompetenz: Anmerkungen zur Konkretisierung eines variantenreichen Konstrukts sowie mögliche Operationalisierungen von Konstruktfacetten. In: Zeitschrift für Berufs- und Wirtschaftspädagogik, Bd. 109, S. 332-359.

Wahrig, G. (2001): Deutsches Wörterbuch. Gütersloh/München: Bertelsmann Lexikon Verlag.

Windecker, A.-C. (1991). Außerfachliche Kompetenzen und Schlüsselqualifikationen in der beruflichen Bildung. Ludwigsburg: Pädagogische Hochschule (Dissertation).

Zinke, G.; Renger, P.; Feirer, S. & Padur, T. (2017): Berufsausbildung und Digitalisierung – ein Beispiel aus der Automobilindustrie. In: Bundesinstitut für Berufsbildung (Hrsg.): Wissenschaftliche Diskussionspapiere, H. 186, Verfügbar unter: https://www.bibb.de/veroeffentlichungen/de/publication/show/8329 [letzter Zugriff am 30.05.2018].

Zürcher, R. (2010): Kompetenz – eine Annäherung in fünf Schritten. In: MAGA-ZIN Erwachsenenbildung.at. Das Fachmedium für Forschung, Praxis und Diskurs. Ausgabe 9. Verfügbar unter: http://www.erwachsenenbildung.at/magazin/10-9/meb10-9.pdf. [letzter Zugriff am 20.05.2018].